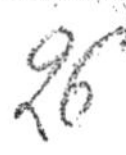

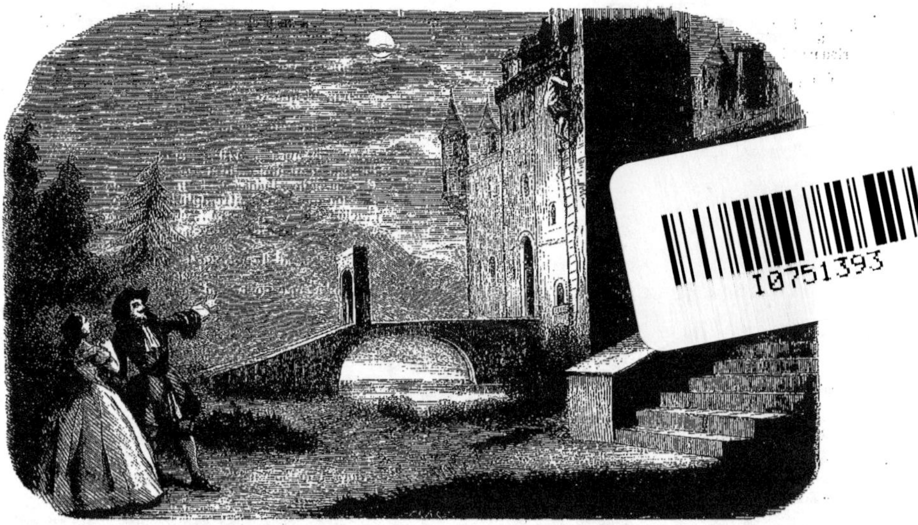

LE DONJON DE VINCENNES

DRAME EN CINQ ACTES ET DIX TABLEAUX

PAR

MM. DENNERY ET GRANGÉ

MISE EN SCÈNE DE M. SAINT-ERNEST

Représenté pour la première fois, à Paris, sur le théâtre impérial du Cirque, le 8 novembre 1855.

DISTRIBUTION DE LA PIÈCE.

LOUIS XIV	MM. CLARENCE.
FOUQUET	LACRESSONNIÈRE.
LE MARQUIS DE SAINT-MARS	BRÉSIL.
PÉLISSON	PASTELOT.
BONAVENTURE	POIRIER.
DE GÈVRES	MOLINA.
DE LYONNE	BUTAUT.
DE SAINT-AIGNAN	BOISSAT.
SIMON	BOILEAU.
UN HUISSIER	NÉRAULT.
UN DOMESTIQUE	LANGLOIS.
UN SERGENT	BRICHARD.
UN PATRE	ÉLIE.
LOUISE DE MORESANT	Mᵐᵉˢ LACRESSONNIÈRE.
ATHÉNAÏS DE SAINT-MARS	PERSON.
ANNE D'AUTRICHE	WSANNAZ.
UN PAGE	THÉODORINE.

ACTE I.

PREMIER TABLEAU.

Une salle du Louvre. — Au fond, l'entrée principale ; à droite, une porte conduisant chez le Roi. — A gauche, une autre porte ouvrant sur les appartements de la Reine-Mère.

SCÈNE PREMIÈRE.

DE GÈVRES, DE LYONNE, DE SAINT-AIGNAN, COURTISANS.

Au lever du rideau, les gentilshommes forment différents groupes et se promènent en causant entre eux. — De Lyonne entre par le fond.

DE LYONNE.

Comment! déjà foule dans les antichambres?

DE GÈVRES.

Eh! c'est monsieur de Lyonne!

DE LYONNE, venant à lui.

Monsieur le capitaine des Gardes! Bonjour de Gèvres. Bonjour, messieurs.

SAINT-AIGNAN.

Vous voilà de bonne heure au Louvre!

DE LYONNE.

Je viens prendre les ordres de Sa Majesté.

DE GÈVRES.

Impossible en ce moment! c'est l'heure à laquelle le roi a coutume de travailler.

DE LYONNE.

Oui, depuis cinq mois que Mazarin est mort, Louis XIV, las d'être en tutelle, a déclaré hautement sa volonté de diriger lui-même les affaires de l'État.

SAINT-AIGNAN.

Ce qui a fait faire la grimace à bien du monde.

DE LYONNE.

Et désappointé bien des ambitieux.

DE GÈVRES.

A commencer par monsieur Fouquet, le surintendant, qui rêvait la survivance du cardinal.

DE LYONNE.

Bah! son partage est encore assez beau; ne tient-il pas les finances, cette source de la faveur et du pouvoir?

SAINT-AIGNAN.

C'est vrai! et il en dispose largement.

DE LYONNE.

Trop largement même. Quel faste! Quelles prodigalités! tranchant du Mécène, puisant à pleines mains dans le trésor public, rien ne lui coûte pour satisfaire ses passions et sa vanité.

SAINT-AIGNAN.

Lui, un ancien petit hobereau de province!

DE GÈVRES.

En vérité, il serait temps que le roi mît un terme à de semblables désordres.

DE LYONNE.

Cet homme-là, si on le laisse faire, finira par ruiner l'État.

SAINT-AIGNAN.

Par perdre la France...

DE LYONNE.

A propos, vous savez la nouvelle?

TOUS.

Non! quoi donc?

DE LYONNE.

On dit qu'il va donner une fête.

TOUS.

Une fête! encore une fête!

DE GÈVRES.

Et où donc cela?

DE LYONNE.

Dans son château de Vaux, cette résidence princière, ce palais de Sardanapale, où il reçoit orgueilleusement ses courtisans et ses maîtresses; une fête merveilleuse, splendide, qui doit éclipser toutes les magnificences royales, et pour laquelle il aurait dépensé cinq millions.

TOUS.

Cinq millions!

SAINT-AIGNAN.

Mais c'est inouï!

DE GÈVRES.

Prodigieux! Donner une pareille fête quand déjà son luxe, ses dépenses excessives font scandale à la cour! Franchement j'ai peine à vous croire.

DE LYONNE *remonte et regarde au fond.*

Tenez, nous allons bien savoir la vérité; car voici Pélisson, le secrétaire de monsieur Fouquet.

SCÈNE II.

LES MÊMES, PÉLISSON.

PÉLISSON, *entrant et lisant à part sur des tablettes qu'il tient à la main :*

Pour voir en ces beaux lieux le plus grand roi du monde,
Mortels, je viens à vous de ma grotte profonde...

DE LYONNE, *bas aux courtisans.*

Eh bien!.... il ne nous voit pas!

DE GÈVRES, *de même.*

Que lit-il donc?

PÉLISSON, *continuant.*

Faut-il en sa faveur, que la terre et que l'eau...

DE LYONNE, *s'approchant.*

Monsieur Pélisson...

PÉLISSON.

Ah! pardon, messieurs..... serviteur! je ne vous avais point aperçus, j'étais dans le feu... (*Reprenant :*)

... que la terre et que l'eau...

DE LYONNE.

Que faites-vous donc là? vous avez l'air bien préoccupé.

DE GÈVRES.

Est-ce que vous composeriez?

PÉLISSON.

Oui, messieurs... des vers.

DE LYONNE.

C'est juste! vous êtes poëte.

PÉLISSON, *modestement.*

Oh! chétif poëte... pauvre petit nourrisson des Muses; comme disait Fontenelle, de Desmarets : simple commis au département des affaires poétiques. Mais cette fois, je tiens à me surpasser.

DE LYONNE.

Vraiment?

PÉLISSON.

Lorqu'on doit avoir l'honneur d'être représenté devant toute la cour, en présence d'augustes personnages...

DE GÈVRES.

D'augustes personnages!

PÉLISSON.

Et avant une comédie de Molière.

DE LYONNE.

Ah! bah! mais il s'agit donc?...

PÉLISSON.

Il s'agit d'un prologue que je suis chargé de faire, pour la fête que donne monsieur Fouquet.

TOUS.

Monsieur Fouquet!

DE LYONNE, *bas à de Gèvres.*

Eh bien! que vous disais-je!

DE GÈVRES, *bas.*

Et le roi souffre cela!

PÉLISSON.

Le sujet en est assez ingénieux; la toile levée, une naïade sort des eaux dans une coquille de nacre.... en carton bien entendu. C'est la belle Athénaïs de Saint-Mars, demoiselle d'honneur de la reine mère, qui doit remplir le rôle de la naïade. Elle s'avance gracieusement comme ça....et.... (*s'apercevant que les courtisans causent entre eux.*) vous ne m'écoutez pas?

DE GÈVRES.

Si fait! si fait! continuez!

PÉLISSON.

Elle s'avance donc, et dit en s'adressant à Sa Majesté...

TOUS, *très-surpris.*

A Sa Majesté?...

PÉLISSON, *récitant.*

Pour voir en ces beaux lieux le plus grand roi du...

DE LYONNE.

Comment! mais le roi y sera donc?

PÉLISSON.

Sans doute.

TOUS.

Est-il possible!

PÉLISSON, *reprenant son récit.*

Alors, une foule de Dryades, accompagnées de Faunes et de satyres...

DE LYONNE.

Eh! morbleu, laissez-là vos faunes et vos satyres! et répondez! Vous dites que le roi doit aller à Vaux?...

PÉLISSON.

Du moins, nous l'espérons.

DE GÈVRES, *ironiquement.*

Ah! vous l'espérez!

PÉLISSON.

Monsieur Fouquet lui a fait demander une audience ce matin En ce moment même il est près de lui.

TOUS.

Près du roi?

PÉLISSON.

Qu'il a le projet d'inviter à cette fête.

TOUS, *se récriant.*

L'inviter à cette fête!

PÉLISSON.

Certainement. (*A part.*) Ah! çà! qu'est-ce qu'ils ont donc tous?...

DE LYONNE.

L'inviter!... Il aurait eu cette audace!

SCÈNE III.

LES MÊMES, FOUQUET.

FOUQUET, *qui vient d'entrer par la droite et a entendu les derniers mots.*

J'ai eu cette audace... oui, messieurs.

TOUS, *à part.*

Le surintendant!

DE GÈVRES, *de même.*

Il nous écoutait!

DE LYONNE, *très-troublé.*

Ah! pardon... veuillez excuser... ce n'est pas cela que...

FOUQUET, *sans lui répondre.*

Je sors de chez Sa Majesté... j'ai eu l'honneur de lui adresser mon invitation.

TOUS.

Ah!

PÉLISSON.

Hé bien?

DE LYONNE.

Le roi?

FOUQUET.

Le roi, à qui probablement cette demande a semblé moins étrange, moins audacieuse qu'à vous, messieurs, a daigné la recevoir sans indignation, sans colère... et m'a promis de me faire connaître sa décision aujourd'hui, après l'audience.

DE LYONNE, *bas à Gèvres.*

Il refusera!

DE GÈVRES, *bas.*

C'est certain. Le roi ne saurait sanctionner par sa présence..

DE LYONNE, à Fouquet qui pendant cet aparté, a échangé quelques paroles à voix basse avec Pélisson.

A merveille, monsieur! recevez mes félicitations.

DE GÈVRES.

Les nôtres.

PÉLISSON, à part.

Hum... courtisans!

DE LYONNE.

Le vent de la faveur souffle pour vous.

DE GÈVRES.

Tout vous sourit... vous êtes heureux.

FOUQUET, avec un sourire amer.

Heureux!

DE LYONNE.

Ce luxe, cet éclat, ces fêtes brillantes...

FOUQUET.

Oui, l'éclat, les fêtes, pour quelques-uns, c'est le bonheur... il y en a d'autres qui n'y cherchent que l'étourdissement et l'oubli...

PÉLISSON, à part.

Que dit-il?

FOUQUET.

Mais moi, messieurs, mon bonheur est si grand que chacun m'envie.... puisque ma position, ma fortune, me font tant de jaloux et d'ennemis.

DE LYONNE.

De ennemis!... à vous?

FOUQUET.

Monsieur Letellier, monsieur Colbert, bien d'autres encore... On se ligue contre moi, on calomnie mes actes, mes libéralités... on cherche à me renverser, à me perdre...

DE LYONNE.

Vous penseriez?...

FOUQUET.

Et c'est tout simple; je suis si heureux!... moi, le brillant ministre; moi, le fastueux ordonnateur de soupers et de fêtes; moi, que l'on appelle le favori des dames de la cour!... Ah! vous avez raison, je suis bien heureux!

(Il leur fait un geste de la main et vient s'asseoir sur le devant dans un fauteuil où il reste accablé. — Les courtisans remontent en se parlant bas.)

PÉLISSON, qui n'a cessé d'observer Fouquet, à part, avec intérêt.

Encore un de ses accès de découragement, de tristesse!... (S'approchant.) Monseigneur...

FOUQUET.

Pélisson!... (lui tendant la main) un ami!

PÉLISSON.

Oui, un ami... pour lequel vous avez des secrets...

FOUQUET.

Des secrets!

PÉLISSON.

Ce n'est pas la première fois qu'il m'arrive de remarquer la sombre mélancolie qui s'empare subitement de vous... même au milieu des plaisirs. Vous souffrez?...vous avez un chagrin?...

FOUQUET.

Et quand il serait vrai, à quoi bon vous parler d'un mal sans remède.. d'une blessure que rien ne peut guérir?

PÉLISSON.

Et pourquoi?

FOUQUET.

Parce qu'entre mes désirs et le bonheur il y a l'abîme... parce que celle que j'aime est à jamais perdue pour moi!

PÉLISSON.

Comment! c'est une femme?...

FOUQUET.

Une jeune fille de ma ville natale, Louise de Moresant, mon premier... ou plutôt mon seul amour. Notre tendresse l'un pour l'autre datait de notre enfance, et, comme une fleur, s'était épanouie au soleil de notre jeunesse. Mais j'étais pauvre et obscur alors... et quand je demandai Louise à son père, celui-ci, gentilhomme fier de son titre et de ses richesses, me la refusa. Ce refus, loin de m'abattre, excita mon courage. Je résolus de faire fortune, de me créer une carrière, un nom, afin de mériter, d'obtenir un jour celle que j'adorais... Et après lui avoir fait jurer de m'attendre, de n'être jamais à un autre, je partis pour Paris. Plusieurs années s'écoulèrent, années d'études, de veilles et de patience. — Enfin un premier succès venait de couronner mes efforts... lorsque je reçus une lettre de Louise. « Accourez, m'écrivait-elle, venez me sauver! » Frappé de surprise, d'épouvante, je me mets aussitôt en route, brûlant le pavé, dévorant l'espace... Hélas! je devais arriver trop tard! Quand j'entrai dans la ville, les cloches sonnaient, la foule était assemblée dans l'église. — Louise, à qui son père n'avait laissé de choix qu'entre un odieux mariage et le cloître, avait choisi le cloître, qui lui permettait du moins de tenir le serment qu'elle m'avait fait. Contrainte, menacée par son père, elle s'était laissé traîner à l'autel... Déjà le sacrifice était consommé; déjà, des vœux éternels la ravissaient au monde! Au cri que je jetai, elle tourna vers moi des yeux pleins de larmes... Ses lèvres semblèrent murmurer un adieu. Je m'élançai pour la reprendre, pour leur arracher leur victime... Mais une grille se ferma sur elle et je la vis entrer vivante dans cette tombe, où elle emportait toutes mes espérances, tout mon bonheur, toute ma vie!

PÉLISSON.

Je comprends.

FOUQUET.

Et maintenant, mon ami, direz-vous aussi comme eux tous que je suis bien heureux?

PÉLISSON.

Non!... je comprends vos regrets, votre désespoir.

FOUQUET.

Si je n'y ai pas succombé, c'est que j'avais une vengeance à accomplir. De là, ce désir de m'élever, ces rêves ambitieux réalisés avec persévérance. Je voulais jeter mon élévation, ma grandeur, comme un remords, à ce père inflexible, auteur de tous mes maux. — De là aussi, cette soif de plaisirs, de bruit de dissipations, que j'ai besoin de satisfaire, pour étourdir ma tête à défaut de mon cœur.

PÉLISSON.

Pauvre monsieur Fouquet!...

FOUQUET.

Mais la foule se rapproche... Ne restons pas ici... Ces souvenirs m'ont brisé... J'ai besoin de me remettre. Venez, mon ami, tenez!...

(Il s'éloigne par le fond, à gauche, avec Pélisson. — Les courtisans qui se sont rapprochés, les regardent sortir en s'inclinant devant Fouquet.)

SCÈNE IV.

DE LYONNE, DE GÈVRES, DE SAINT-AIGNAN, et les GENTILSHOMMES.

DE LYONNE.

Eh! mais, avez-vous remarqué, messieurs? quel air soucieux!... accablé!...

SAINT-AIGNAN.

En effet... Qu'a-t-il donc?

DE LYONNE.

Pressentiment, sans doute. Il voit que la faveur se retire de lui, pour passer sur monsieur Colbert.

DE GÈVRES.

Croiriez-vous à une disgrâce?

DE LYONNE.

Messieurs, la chute de cet homme n'est peut-être pas éloignée, et dans tous les cas, elle est inévitable. La magnificence du surintendant est une atteinte portée à la magnificence du roi. Celui qui a pris pour devise: *Nec pluribus impar*, ne souffre de rivalité ni dans son faste, ni dans son pouvoir. Comme il n'y a au ciel qu'un soleil, il ne doit y avoir qu'un roi en France.

DE GÈVRES.

Et le luxe de Fouquet n'est pas, dit-on, la seule concurrence qu'il se permette de faire à Sa Majesté.

TOUS.

Comment?

DE GÈVRES.

Oui, Messieurs, on prétend que non content de l'éclipser en somptuosité, en grandeur, il a osé encore lever les yeux jusque sur sa maîtresse.

TOUS.

Sur mademoiselle de La Vallière!

DE LYONNE, pensif.

Oh! si l'on pouvait prouver cela, c'est alors qu'il serait perdu!

SAINT-AIGNAN.

Lui, amoureux de Louise de la Vallière! allons donc!... quelle folie!... Il a d'autres amours.

DE LYONNE.

Et lesquelles?

SAINT-AIGNAN.

Quoi! vous ignorez qu'il n'est occupé depuis quelque temps que de la belle Athénaïs?

DE LYONNE.

La sœur du marquis de Saint-Mars?

DE GÈVRES.

Lieutenant au régiment de Champagne?

SAINT-AIGNAN.

Justement; il en est devenu amoureux, en l'absence du frère qui tient garnison, sans se douter qu'on chasse ici sur ses terres.

TOUS, riant.

Ah! ah! ah!

DE LYONNE.

Chut! voici quelqu'un!

SCÈNE V.

LES MÊMES, SAINT-MARS.

SAINT-MARS, à un huissier qui l'introduit.

C'est bien!... j'attendrai. Veuillez seulement la faire prévenir de mon arrivée.

(L'huissier s'incline et sort.)

LES GENTILSHOMMES, à part.

Un officier!

(Saint-Mars entre, salue les gentilshommes et va s'asseoir à l'écart.)

DE LYONNE.

Monsieur est récemment arrivé à la cour?

SAINT-MARS.

Oui, monsieur.

SAINT-AIGNAN.

Monsieur attend l'audience du roi?

SAINT-MARS.

Oui, monsieur.

DE GÈVRES.

Monsieur a-t-il quelques amis au Louvre?

SAINT-MARS.

Non, monsieur.

(Il lui tourne le dos et va se rasseoir, après avoir salué de nouveau.)

DE GÈVRES, bas aux courtisans.

Il n'est pas causeur!

SAINT-AIGNAN, de même.

Voilà de singulières façons!

DE GÈVRES, à mi-voix.

Laissons-là ce gentilhomme sauvage et revenons à nos moutons.

DE LYONNE.

A monsieur Fouquet et à la belle Athénaïs de Saint-Mars.

(Saint-Mars se retourne vivement et écoute.)

DE GÈVRES.

A cette séduisante Danaë qui s'est, comme tant d'autres, laissé éblouir par la pluie d'or du moderne Jupiter.

(Saint-Mars se lève et les regarde.)

SAINT-AIGNAN.

Que ne l'épouse-t-il?

DE LYONNE.

Monsieur le surintendant a bien d'autres visées, ma foi!

DE LYONNE.

Il a sur la liste de ses maîtresses des noms plus illustres...

SAINT-AIGNAN.

Et des vertus moins fragiles.

SAINT-MARS, à Saint-Aignan.

Monsieur?

SAINT-AIGNAN.

Monsieur?

SAINT-MARS.

Comment vous appelez-vous, et quelles sont les armes que vous préférez d'ordinaire?

SAINT-AIGNAN.

Moi? mais, monsieur...

SAINT-MARS.

C'est un renseignement que j'ai l'honneur de vous demander.

SAINT-AIGNAN.

Duc de Saint-Aignan, monsieur, et je me bats d'ordinaire à l'épée.

SAINT-MARS.

Très-bien... (Il tire ses tablettes et écrit.) Saint-Aignan, l'épée... (A de Gèvres.) Et vous, monsieur?

DE GÈVRES.

Plaît-il?

SAINT-MARS.

Comment vous appelez-vous, et quelles sont vos armes?

DE GÈVRES.

Ah çà, mais je désire savoir...

SAINT-MARS.

Vous saurez tout à l'heure tout ce que vous désirerez. Nous disons donc? (Il se dispose à écrire.)

DE GÈVRES.

Marquis de Gèvres, l'épée, le pistolet, peu m'importe...

SAINT-MARS.

Fort bien... (A de Lyonne.) Et vous, monsieur?

DE LYONNE.

De Lyonne, et c'est avec mon épée que je punis les questionneurs insolents!

SAINT-MARS, avec force.

Moi, messieurs, je me nomme marquis de Saint-Mars, et toutes les armes me sont bonnes pour châtier qui flétrit mon nom.

TOUS.

Le marquis de Saint-Mars!

SAINT-MARS.

Continuons, messieurs... (Au premier gentilhomme.) Vous vous nommez?

UN GENTILHOMME.

Chevalier d'Aubigny.

DEUXIÈME GENTILHOMME.

Comte de Favières.

DE GÈVRES, indiquant tour à tour plusieurs gentilshommes.

Monsieur de Lafresnay... Monsieur de Saillant, le vicomte de Soisy...

DE LYONNE.

Et dès qu'il vous plaira nous serons à vos ordres.

SAINT-MARS, fermant ses tablettes.

Messieurs, si ce que vous avez dit de mademoiselle de Saint-Mars est vrai... je tuerai M. Fouquet.

DE LYONNE.

Bien!

SAINT-MARS.

Si c'est une calomnie, je retrouverai les calomniateurs, et je vous en préviens, j'en tuerai le plus que je pourrai. J'ai l'honneur de vous saluer, messieurs.

TOUS.

On ouvre!

UN HUISSIER, qui vient d'ouvrir les deux battants de la porte de droite.

L'audience du roi, messieurs!

TOUS.

Allons!

DE LYONNE, bas aux autres.

Je crois que monsieur Fouquet aura de la peine à se tirer de là!

(Les Gentilshommes saluent Saint-Mars et sortent.

SCÈNE VI.

SAINT-MARS, seul.

(A peine tout le monde s'est-il éloigné, qu'il laisse tomber sa tête dans ses mains et donne cours à sa douleur.)

Ma sœur!... ma sœur, déshonorée, flétrie!... ainsi tout m'accable à la fois! n'étais-je donc point assez malheureux déjà de cet amour insensé... de cette flamme qui me brûle... pour qui?.. pour une recluse... pour une fille du Seigneur, aperçue une fois par hasard comme dans une vision... et dont je ne puis détacher ma pensée... Et quand je suis parti pour l'oublier, pour la fuir... quand j'espérais retremper mon âme dans de douces joies de famille, c'est la flétrissure, c'est le déshonneur qui m'attend au retour!... Le déshonneur!... ah! je n'y puis croire encore!... avant tout, je dois voir ma sœur, l'interroger... mais si ce que je viens d'apprendre est la vérité... malheur alors, malheur à celui qui aura causé cette honte!... je lui ferai payer cher les larmes qu'il me fait verser.

(Il demeure accablé.— La porte de gauche s'ouvre, et Athénaïs paraît.)

SCÈNE VII.

SAINT-MARS, ATHÉNAÏS.

ATHÉNAÏS, pâle et émue, à part.

Mon Dieu! donnez-moi la force de composer mon visage... de cacher le trouble que je ressens... (S'approchant de Saint-Mars et affectant la joie.) Mon frère!

SAINT-MARS, tressaillant.

Elle!

(Il se retourne et attache un regard terrible sur Athénaïs, qui recule et se laisse tomber à genoux.)

ATHÉNAÏS, d'une voix étouffée.

Vous savez tout!

SAINT-MARS.

Coupable! il est donc vrai!...

ATHÉNAÏS, brisée.

Ah! pardon!... pardon!...

SAINT-MARS.

Et rien n'a pu vous préserver!... ni le soin de mon honneur, ni l'exemple de notre mère, si pure et si chaste devant Dieu!

ATHÉNAÏS, sanglotant.

Par grâce, par pitié, ne m'accablez pas!

SAINT-MARS.

Oui, des pleurs... des supplications!... Est-ce que les pleurs effaceront la tache faite à mon nom? Me rendront-ils l'estime que vous m'avez fait perdre?... Mais tu ne sais donc pas que notre opprobre est public?... tu ne sais donc pas qu'ici, à l'instant, je viens d'être insulté?...

ATHÉNAÏS.

Grand Dieu!

SAINT-MARS.

Oui, insulté pour toi, par des fats, des insolents... et qu'il m'a fallu dévorer ma douleur et ma rage... Des pleurs!... mais c'est du sang que je veux.

ATHÉNAÏS.

Eh! bien, prenez le mien!... frappez! Prenez ma vie!... mais ne touchez pas à celle de cet homme.

SAINT-MARS.

Tu l'aimes?

ATHÉNAÏS.

Eh! si je ne l'aimais pas, est-ce que je serais coupable?...Croyez-vous que l'honneur me soit moins cher qu'à vous?... Croyez-vous que je n'aie pas lutté contre le penchant qui m'entraînait? Vous parliez de notre mère!... Eh! bien, ma mère, je l'ai invoquée... à genoux... le front dans la poussière... la suppliant de veiller sur sa fille, d'arracher de mon cœur cette funeste passion... Et cependant la passion a été la plus forte... et ma mère, ma sainte mère ne m'a pas sauvée!...

SAINT-MARS, avec pitié.

Malheureuse!

ATHÉNAÏS.

Ah! c'est qu'un penchant irrésistible m'entraînait vers lui, si noble, si grand... lui, le véritable roi de France!

SAINT-MARS.

Taisez-vous!... ne me parlez pas de cet homme... Ne cherchez pas à diminuer sa faute... car notre outrage doit être vengé.

ATHÉNAÏS.

O ciel! que voulez-vous faire? Quel est votre projet?

SAINT-MARS.

De voir votre séducteur... d'obtenir la réparation qui m'est due.

ATHÉNAÏS.

Et comment?... par quel moyen?... (Apercevant Fouquet.) C'est lui!

SAINT-MARS, faisant un mouvement terrible, et prêt à s'élancer sur Fouquet.

Lui!...

FOUQUET, surpris.

Que voulez-vous, monsieur? Qui êtes-vous?

ATHÉNAÏS, à Fouquet.

C'est mon frère!

FOUQUET, avec respect.

Monsieur de Saint-Mars!

SAINT-MARS, à Athénaïs.

Laissez-moi.

ATHÉNAÏS, suppliante.

Mon frère, au nom du ciel!...

SAINT-MARS.

Laissez-moi, vous dis-je!

ATHÉNAÏS, à part, en sortant.

Mon Dieu!... Dieu de clémence! ayez pitié de nous!

(Elle sort en jetant un regard suppliant à Saint-Mars qui lui fait de nouveau signe de s'éloigner.)

SCÈNE VIII.

SAINT-MARS, FOUQUET.

SAINT-MARS.

Vous m'avez déshonoré... vous avez séduit ma sœur, en mon absence, comme un traître, comme un misé...

FOUQUET, l'arrêtant.

Pardon, monsieur, si vous m'injuriez, il faudra nous battre. Si je vous tue, et surtout si vous me tuez, cela ne rendra pas l'honneur à votre sœur.

SAINT-MARS.

Soit!... je serai maître de moi... je m'efforcerai de dompter ma colère, et cependant vous devez comprendre qu'il me faut une réparation.

FOUQUET.

Une réparation!

SAINT-MARS.

Vous aimez ma sœur?

FOUQUET, hésitant.

Mademoiselle de Saint-Mars est belle... et...

SAINT-MARS.

Vous l'aimez?...

FOUQUET.

Moi?

SAINT-MARS.

Vous!... puisque vous n'avez pas hésité devant la honte que vous répandiez sur mon nom... devant le malheur que vous répandiez sur ma vie...

FOUQUET.

C'est vrai, monsieur... notre amour a été coupable, je le sais...

SAINT-MARS.

Et savez-vous aussi que cet amour est public comme notre déshonneur; savez-vous, monsieur, que nous avons encore, ma sœur et moi, de vieux parents que ce déshonneur tuera?

FOUQUET.

Monsieur...

SAINT-MARS.

Voyons, monsieur Fouquet, si haut que vous aient placé votre mérite et la faveur du roi, êtes-vous homme à sacrifier à une alliance illustre le bonheur de toute une famille, la vie de pauvres vieillards qui ne vous ont jamais offensé, et l'honneur d'un soldat qui ne voudrait une fortune plus grande que la vôtre, un rang plus élevé que le vôtre, que pour pouvoir vous tendre loyalement la main et vous dire: soyons frères! (Après un temps. Eh bien! monsieur?... Comment, rien? pas un mot?

FOUQUET.

Monsieur de Saint-Mars, je serai franc avec vous, et je vous prie de m'écouter avec calme.

SAINT-MARS, très-agité.

Je vous écoute, monsieur!

FOUQUET.

Avec calme?

SAINT-MARS.

Avec... calme.

FOUQUET.

Si j'avais été épris de mademoiselle de Saint-Mars, si je lui avais adressé mon hommage, ce n'est pas mon cœur, mais mon nom que je lui aurais offert d'abord; mais...

SAINT-MARS.

Mais c'est elle qui s'est follement éprise de vous, n'est-ce pas? Et comme vous avez abusé de sa faiblesse, vous trouvez qu'il n'est ni lâche, ni infâme...

FOUQUET, l'arrêtant.

Vous m'avez promis d'être calme, monsieur.

SAINT-MARS.

Oui, mais je vous avertis que je me suis promis à moi que, si vous n'épousiez pas ma sœur, je vous tuerais!...

FOUQUET.

C'est fort naturel, monsieur... Je continue: Mademoiselle de Saint-Mars est de bonne maison, elle est assez belle pour porter noblement le plus grand nom de France; mais j'avais autrefois rêvé une autre union.

SAINT-MARS.

Et ce rêve?

FOUQUET.

Est à jamais perdu pour moi. Ce n'est donc qu'une vie désenchantée que je pourrais offrir à mademoiselle de Saint-Mars. Encore ne suis-je pas libre de disposer de moi-même. Il me faudrait, avant d'engager ma parole, obtenir l'agrément de Sa Majesté.

SAINT-MARS.

Voyez donc le roi, monsieur, j'attendrai votre décision.

(Rumeurs en dehors.)

UN GENTILHOMME DE LA CHAMBRE, annonçant.

Le Roi!

SCÈNE IX.

LES MÊMES, LOUIS XIV, ANNE D'AUTRICHE, SEIGNEURS, PAGES, DAMES DE LA COUR, ATHÉNAÏS et UNE DAME VOILÉE.

LE ROI.

Bonjour, ma mère!... C'est vous, monsieur Fouquet?... J'ai réfléchi à l'invitation que vous m'avez adressée, et cette invitation, je l'accepte.

LE LYONNE, bas à de Gêvres.

Il accepte!

FOUQUET.

Ah! sire, merci!

LE ROI, aux gentilshommes.

Tenez-vous prêts, messieurs; dans un quart d'heure, nous partons pour le château de Vaux.

LA REINE MÈRE.

Vous partez?

LE ROI.

Ainsi que vous, madame, si Votre Majesté le veut bien. Mais d'abord, permettez-moi de vous présenter une personne qui sollicite la grâce de faire partie des dames de votre maison. Sa naissance lui donne droit à cette faveur, et ses malheurs la recommandent à votre bienveillance. (*A la Dame voilée qui se tient à l'écart.*) Approchez, mademoiselle ; remerciez la reine, et montrez à toute ma cour de combien de grâces et de beauté vous venez l'enrichir.

(Mouvement général de curiosité. — La dame voilée s'approche, s'incline et soulève son voile. — A sa vue, Fouquet et Saint-Mars font chacun un mouvement de surprise.)

FOUQUET, *à part.*

Louise!

SAINT-MARS, *à part.*

C'est elle!

LE ROI, *présentant Louise.*

Mademoiselle de Moresant... que sa famille avait contrainte à des vœux éternels, et qui vient d'être relevée de son serment par le saint Père.

SAINT-MARS, *à part.*

Libre!...

FOUQUET, *à part.*

Elle est libre!

ATHÉNAÏS, *à Saint-Mars.*

Eh bien, mon frère?

SAINT-MARS, *bas.*

J'ai bon espoir pour vous, ma sœur... attendez!

LE ROI.

Mademoiselle de Morésant, ai-je bien tenu ma promesse?

LOUISE.

Je remercie Votre Majesté. (*Regardant Fouquet.*) Je suis heureuse, bien heureuse, sire.

SAINT-MARS, *s'approchant de Fouquet.*

Monsieur, après la marque éclatante de faveur que le Roi vient de vous donner, il ne refusera pas son consentement à votre mariage.

FOUQUET.

Ce mariage... (*A part.*) Renoncer à Louise, la perdre encore, quand je la retrouve, quand elle peut être à moi!... Oh! non!... non!... (*A Saint-Mars.*) Ce mariage est impossible.

SAINT-MARS, *bas.*

Alors!... c'est un duel à mort!

FOUQUET.

Soit!

UN HUISSIER, *entrant.*

Les équipages de Sa Majesté!

SAINT-MARS, *à Fouquet.*

Où vous retrouverai-je?

FOUQUET, *bas.*

Chez moi!... à mon château de Vaux.

SAINT-MARS, *bas.*

J'y serai.

ATHÉNAÏS, *à part.*

Mon Dieu! que se disent-ils?... Je tremble!

LE ROI.

Partons, messieurs!

SAINT-MARS, *à Fouquet.*

A demain!

FOUQUET.

A demain!

(Pendant toute cette scène, Louise et Fouquet n'ont pas cessé de changer leurs regards. — Tout le monde se dirige vers le fond. — Changement.)

DEUXIÈME TABLEAU.

Le parc de Vaux. — Au fond, le château éclairé pour une fête.

SCÈNE PREMIÈRE.

FOUQUET, *à deux domestiques qui le suivent.*

C'est bien! je n'ai pas besoin ici de vos services... Allez... et dès que la comédie sera près d'être terminée, venez m'avertir. (*Les domestiques saluent et sortent.*) Impossible de me rapprocher de Louise, de lui parler seul un moment!... Obligé de songer à cette fête!... de faire le honneurs au roi... Eh! que m'importe le roi!... C'est elle, elle seule qui occupe ma pensée... Comme elle tarde à venir!... Pourtant on a dû lui remettre mon billet... Refuserait-elle le rendez-vous que je lui demandais?... Son cœur m'aurait-il oublié?... Ce serait trop affreux!... On approche... (*Voyant entrer Louise.*) C'est elle!

SCÈNE II.

FOUQUET, LOUISE.

FOUQUET.

Louise!... chère Louise!... enfin vous voilà!

LOUISE.

Oui, j'ai trouvé un prétexte pour quitter la reine... pour m'échapper; c'est vous que je cherchais.

FOUQUET.

Que je vous remercie! Vous aviez reçu mon billet?...

LOUISE.

Quel billet?

FOUQUET.

Ce billet par lequel je vous suppliais de venir me trouver dans cette allée du parc... et qu'un homme, à moi, avait ordre de vous remettre en secret.

LOUISE.

Je n'ai rien reçu.

FOUQUET.

C'est étrange!

LOUISE.

Qu'importe après tout, puisque le désir qu'il exprimait, mon cœur l'a deviné... puisqu'il le partageait... puisqu'enfin je suis près de vous.

FOUQUET.

Près de moi!... C'est à peine si j'ose croire à tant de bonheur!... Te retrouver tout à coup, toi que j'ai tant pleurée, toi que je n'espérais jamais revoir en ce monde... Ah! Louise, Louise, dis-moi que je ne m'abuse pas! dis-moi que ce n'est point un rêve...

LOUISE.

Le rêve, mon ami, c'est la douleur écoulée, ce sont les mauvais jours évanouis... ces jours d'angoisse, de déchirements et de larmes, passés dans la tombe du cloître.

FOUQUET.

Que tu as dû souffrir!

LOUISE.

Hélas! ce que j'ai souffert, qui pourrait l'exprimer?... Se voir séparée de tous ceux qui vous sont chers. Renoncer à vingt ans au monde, à l'amour, à l'espérance, à tout ce qui fait vivre et rend heureux! Se dire: Les autres ont une famille, des amis, une patrie Moi, je n'ai plus de patrie, d'amis ni de famille. La maison où je suis née, les êtres que j'aimais... je ne les reverrai plus... jamais une main chérie ne pressera la mienne... Jamais un souvenir ne franchira la pierre de mon sépulcre!... Ma mère... ma mère mourra, et je ne recevrai pas son dernier baiser!... Oh! comment ne suis-je pas devenue folle? Comment ne suis-je pas morte, mon Dieu?...

FOUQUET.

Pauvre Louise bien-aimée!... mais ces vœux cruels que je t'ai vue prononcer, que je croyais éternels, comment ont-ils pu être brisés?

LOUISE *se lève.*

Ah! c'est que mon bon ange veillait pour me sauver! C'est que, quand je désespérais, moi, ma mère espérait encore.

FOUQUET.

Ta mère...

LOUISE.

Son unique pensée avait toujours été de faire rompre mes liens... Tant que le comte de Moresant vécut, elle dut se courber sous cette volonté inflexible ; lui mort, elle résolut d'accomplir le projet qu'elle avait formé. Quoique brisée, affaiblie par les chagrins, elle n'hésita pas, elle partit pour Rome. Ni les difficultés, ni les fatigues du voyage ne la rebutèrent. Dieu donne aux mères le courage... et l'espoir de ma délivrance la soutenait en chemin... Enfin, elle arriva dans la ville éternelle... Là, elle courut se jeter aux genoux du Saint-Père, lui raconta en pleurant la violence dont j'avais été victime, le supplia de lui rendre sa fille... Le vicaire du Christ, touché d'une telle douleur, releva la pauvre mère. « Le Ciel, dit-il, n'accepte que les vœux volontairement formés. » Et lui remettant le bref qui me rendait au monde, il la bénit au nom du Seigneur. Alors, sans prendre une heure, un instant de repos, la vaillante pèlerine se remit en route. Quinze jours après, elle était de retour en France, elle se faisait ouvrir les grilles du couvent où je la vis apparaître comme l'ange de la Rédemption... Mais hélas! épuisée, mourante, n'ayant plus de forces que pour me presser sur son cœur et me dire un suprême adieu! Tu es libre, ma fille, me dit-elle, ma tâche est accomplie... Et je la vis pâlir, je la vis chanceler, et je reçus son âme dans son dernier baiser!...

FOUQUET.

Morte!... elle est morte!

LOUISE, *les larmes aux yeux.*

Oui, morte en me sauvant... morte en me donnant pour la seconde fois l'existence!

FOUQUET, *avec passion.*

Oh! je veux à force de dévouement, de tendresse, te rendre tout ce que tu as perdu!

LOUISE.

Ne parlez pas ainsi, mon ami; vous me ferez oublier mes souffrances passées, mes années de désespoir; mais celle qui a payé mon bonheur de ses larmes, ma liberté de sa vie, nul ne me la fera oublier, nul ne saurait me la rendre.

FOUQUET.

Ah! ne dis pas cela, Louise!... J'entourerai ta vie de tant d'éclat et de grandeur...

LOUISE.

Mon ami, cet éclat me fait peur... Cette grandeur m'épouvante.

FOUQUET.

Pourquoi?...

LOUISE.

Vous êtes bon et vous n'avez mérité la haine de personne... mais vous êtes puissant et bien des gens vous envient... et ceux qui vous envient sont bien près de vous haïr.

FOUQUET.

De qui parles-tu?

LOUISE.

De qui?... tenez, de ceux qui viennent là, et dont le regard trahit à chaque instant une pensée ennemie...

FOUQUET.

De Lyonne... de Gêvres... Saint-Aignan...

LOUISE.

Notre amour est encore un secret; je retourne auprès de la reine... au revoir!...

FOUQUET.

Oui, au revoir, chère Louise!... à bientôt!...

(Louise s'échappe. — Fouquet remonte de quelques pas pour la regarder s'éloigner, pendant que de l'autre côté arrivent les Gentilshommes.)

SCÈNE III.

FOUQUET, DE GÊVRES, DE LYONNE, SAINT-AIGNAN, et QUELQUES AUTRES GENTILSHOMMES.

TOUS, entrant tumultueusement.

Charmant! délicieux!

SAINT-AIGNAN.

En vérité, Molière n'a jamais été si plaisant.

DE GÊVRES, avec importance.

Oui, de la verve!... du trait!... Je crois qu'il fera quelque chose.

SAINT-AIGNAN.

Et notez que cette comédie des *Fâcheux* a été composée et apprise en quinze jours...

TOUS.

C'est prodigieux!

DE GÊVRES, apercevant Fouquet qui se rapproche.

Eh! c'est monsieur Fouquet...

DE LYONNE.

Notre magnifique amphytrion... Comment, vous étiez ici?

DE GÊVRES.

Vous n'avez pas assisté à la fin de la pièce?

FOUQUET.

Non, messieurs, non.

DE LYONNE.

Tant pis! d'honneur, vous avez perdu.

DE GÊVRES.

Tous ces caractères sont du dernier comique... Il y a surtout une scène où un certain Alcandre... est-ce Alcandre ou Damis? Enfin n'importe!... un fâcheux... vient déranger les amants... c'est peint d'après nature.

FOUQUET, souriant.

Je vous crois. — Mais pardon... j'ai quelques ordres à donner, et...

DE GÊVRES.

Comment donc! faites, ne vous gênez pas!...

FOUQUET, à part.

Ah! j'ai besoin d'être seul pour songer à ma joie, à mon bonheur...

(Il sort après avoir salué les courtisans.)

SCÈNE IV.

DE LYONNE, DE GÊVRES, SAINT-AIGNAN et LES GENTILSHOMMES.

DE GÊVRES, qui a regardé sortir Fouquet.

Décidément, messieurs, le vent a tourné... monsieur Fouquet a la mine radieuse aujourd'hui.

DE LYONNE.

Il ne la conservera peut-être pas longtemps.

DE GÊVRES.

Que voulez-vous dire?

SAINT-AIGNAN.

Est-ce qu'il y aurait du nouveau?

DE LYONNE.

Cette fête, où il a déployé tant de splendeur, et par laquelle il espère reconquérir la faveur du roi, est l'arme la plus terrible qu'il pouvait fournir contre lui.

TOUS.

Comment? expliquez-vous.

DE LYONNE.

Je regardais Louis XIV à son entrée ici... Il a pâli, messieurs. Oui, pâli d'orgueil, blessé à l'aspect de tout ce faste; ou je me trompe fort, ou il ne le pardonnera pas à Fouquet.

DE GÊVRES.

Vous croyez?

DE LYONNE.

Et d'ailleurs, si Sa Majesté hésitait encore, j'aurai bientôt de quoi lever ses derniers scrupules.

TOUS.

Quoi donc?

DE LYONNE.

Un simple papier... un tout petit billet que je viens d'acheter à un valet du surintendant et qu'il doit me livrer dans une heure.

DE GÊVRES.

Et pourquoi ne l'a-t-il pas fait tout de suite?

DE LYONNE.

Ah! parce que le drôle est homme de précaution et qu'avant de conclure une affaire qui pourrait le faire pendre, il voulait tout préparer pour sa fuite; mais c'est chose convenue... dans une heure le billet passera entre mes mains, moyennant dix mille livres... et franchement, messieurs, ce n'est pas trop cher... car il contient la fortune de Fouquet...

(Depuis quelques instants, on a vu entrer Bonaventure, costume de paysan en voyage, bâton et paquet à la main. Il a regardé de tous côtés; puis, avisant les gentilshommes, il s'est approché d'eux en ôtant son chapeau.)

SCÈNE V.

LES MÊMES, BONAVENTURE.

BONAVENTURE.

Pardon, excuse mes gentilshommes.

DE LYONNE, surpris.

Hein?.... qu'est-ce?.. que nous veut-on?

BONAVENTURE.

Ne vous dérangez pas... ce n'est que moi... M. le marquis de Saint-Mars, s'il vous plaît?

DE LYONNE.

Eh!... au diable l'imbécile!

BONAVENTURE, à part.

Saperlotte!... comme il traite M. le Marquis!... Enfin! ça ne me regarde pas... (Haut.) Figurez-vous, messieurs, que j'arrive du fond de la Champagne.... la Champagne!... renommée pour ses moutons et ses hommes d'esprit!

DE LYONNE.

Ah ça! morbleu, nous laisseras-tu?...

DE GÊVRES.

Quel est donc ce maraud qui se permet...(Ils remontent en causant.)

BONAVENTURE, à part.

Il paraît qu'ils sont en affaires... J'attendrai. — Mais d'abord, tâchons de bien me *remémoirer* ce qu'on m'a recommandé afin de ne pas faire de boulettes. — Nous disons donc qu'il y a huit jours, j'étais au village, en train de raser un bossu... (S'interrompant.) j'ai remarqué que chaque fois que je rase un bossu, il m'arrive quelque chose d'heureux. J'étais donc occupé, à raser mon bossu, lorsque mon frère, Jérôme Toussaint, entre dans ma boutique. — Bonaventure, qu'il me dit, le métier de barbier ne va guère. — Tu pourrais même ajouter, lui répondis-je, qu'il ne va pas du tout. — Et depuis longtemps, reprend mon frère, tu désires trouver une condition à Paris. — Ah! oui, une condition tranquille, bien nourri, bien couché, pas grand'chose à faire et de bons gages, ça m'irait joliment! — Eh! bien, que fait Jérôme, j'ai ton affaire. — Ah! bah! — Oui, M. le marquis de Saint-Mars sous les ordres de qui j'ai servi autrefois comme soldat, vient de m'écrire que, voulant vivre à la cour, il avait besoin à son service d'un homme dévoué et qu'il comptait sur moi. — Comment, sur toi?... mais si c'est à toi qu'on offre la place... — Oui, mais moi, je n'en veux pas. Je suis bien au pays et j'entends y rester. Seulement, comme je crains de fâcher le marquis, j'ai trouvé un moyen d'arranger les choses... Il y a dix ans qu'il ne m'a pas vu; toi et moi, on nous prend souvent l'un pour l'autre. — C'est vrai que nous nous ressemblons comme deux gouttes de lait. — Tu vas donc partir à ma place et tu te présenteras au marquis sous mon nom.— Tope! que je dis, ça me va! — La-dessus, je jette ma savonnette, je plante là mon bossu, avec un seul côté de rasé... J'embrassemon frère, je prends mon sac et mes quilles, et... (Haut et remontant.) M. le marquis de Saint-Mars, s'il vous plaît?

SCÈNE VI.

LES MÊMES, SAINT-MARS.

SAINT-MARS, entrant.

Qui m'appelle?

BONAVENTURE, à part.

C'est lui!... de l'aplomb!

SAINT-MARS.

Eh! mais, ces traits... ce visage... (A Bonaventure.) Regarde-moi donc un peu!...

BONAVENTURE, à part.

La ressemblance le frappe.

SAINT-MARS.

Je ne me trompe pas...

BONAVENTURE, à part.

La ressemblance le frappe à coups redoublés.

SAINT-MARS.

Jérôme?...

BONAVENTURE.

Toussaint...

SAINT-MARS.

Ex soldat au régiment de Champagne?

BONAVENTURE.

Moi-même, monsieur le Marquis. (A part.) Ouf! ça y est!

SAINT-MARS, le regardant.

Oui, oui, je te reconnais; pourtant...

BONAVENTURE.

Quoi donc?

SAINT-MARS.

Je te trouve un peu changé.

BONAVENTURE.

Ah! oui, renforci... engraissé... c'est l'âge.

SAINT-MARS.

Et puis, au régiment, tu avais l'air moins...

BONAVENTURE.

Moins spirituel?

SAINT-MARS.

Non, au contraire... plus...

BONAVENTURE.

Plus?

SAINT-MARS.

Enfin, un autre air.

BONAVENTURE.

C'est l'âge, monsieur le Marquis, c'est l'âge... et le village.

SAINT-MARS.

Mais laissons cela. Tu as reçu ma lettre?

BONAVENTURE.

Et sans reproche, je puis dire que vous m'en avez fait faire du chemin.

SAINT-MARS.

Comment?

BONAVENTURE.

Dame, vous m'écrivez de venir vous rejoindre à Paris.—Bon! je fais 60 lieues croyant vous y trouver... je vous cherche par monts et par vaux... et finalement j'apprends que vous y êtes... à Vaux.

SAINT-MARS.

Un motif grave, imprévu, m'a forcé de venir ici.

BONAVENTURE.

Dix jolies petites lieues de plus à faire pour me reposer. Mais du moment qu'il s'agit d'une condition tranquille...

SAINT-MARS.

Ainsi, ma proposition te convient?

BONAVENTURE.

Elle me charme.

SAINT-MARS.

Tu entres à mon service?

BONAVENTURE.

Avec transport! M. le Marquis va vivre à la cour, se fixer à Paris... et Paris, c'était mon rêve.

SAINT-MARS.

C'est bien. Tu arrives à propos. Dès aujourd'hui, je puis avoir besoin de toi.

BONAVENTURE.

Tout à vous, monsieur le Marquis. Et s'il faut vous coiffer, vous raser...

SAINT-MARS.

Comment!... tu sais raser?

BONAVENTURE.

Pardienne! puisque je... (S'arrêtant et à part.) Bien! j'allais dire une bêtise! (Haut.) Puisque mon frère est perruquier.

SAINT-MARS.

Ah! ton frère, cet imbécile, ce poltron dont tu me parlais autrefois.

BONAVENTURE, à part.

Il paraît qu'on m'arrangeait joliment.

SAINT-MARS.

Il s'agit d'une chose plus sérieuse.

BONAVENTURE.

Ah!

SAINT-MARS.

D'une chose qui te rappellera ton ancien métier.

BONAVENTURE.

Ah! oui, mon ancien métier... mon métier de...

SAINT-MARS.

De soldat.

BONAVENTURE, un peu inquiet.

De soldat!... oui... Et c'est?

SAINT-MARS.

C'est un duel.

BONAVENTURE.

Un duel!... (A part.) Ah! ciel!

SAINT-MARS.

Un duel à mort.

BONAVENTURE, à part.

Ah! ciel de Dieu!

SAINT-MARS.

Tout à l'heure, je dois me battre et tu m'assisteras.

BONAVENTURE.

Moi?

SAINT-MARS.

Sans doute.

BONAVENTURE, à part.

Un duel!... et mon frère qui m'avait parlé d'une condition tranquille!

SAINT-MARS.

Dans un instant je serai ici avec mon adversaire... Je vais fixer avec lui l'heure du combat. Toi, viens m'attendre et sois prêt à mon premier appel.

BONAVENTURE.

Oui, M. le Marquis. (A part.) Moi qui croyais que ça portait bonheur de raser un bossu!...

SAINT-MARS.

Eh bien?

BONAVENTURE.

Voilà, Monsieur, voilà!... (A part.) Où me suis-je fourré, grand Dieu! (Il suit Saint-Mars qui sort par la gauche.)

(Les Gentilshommes qui sont restés au fond s'inclinent devant le Roi, qui entre et redescendent en scène avec lui.)

SCÈNE VII.

DE GÈVRES, DE LYONNE, SAINT-AIGNAN, LES GENTILSHOMMES, LE ROI.

LE ROI, arrivant pensif.

Un tel faste!... une pareille fête! et cette devise, cette insolente devise qu'il a eu l'audace de faire placer autour de ses armes! « Jusqu'où ne monterai-je pas? » En vérité, c'est trop d'impudence! qu'il y prenne garde cet orgueilleux Titan qui ose escalader mon ciel!

DE LYONNE, s'approchant.

Sire, les Titans ont été foudroyés.

LE ROI.

Oui, je le sais... et je l'avoue, ma première pensée, en entrant ici, a été de faire arrêter le surintendant. Les représentations de ma mère, d'une autre personne encore, m'en ont empêché.

DE LYONNE.

Votre Majesté est si généreuse et mademoiselle de la Vallière est si bonne!

LE ROI.

Ai-je dit que ce fût elle qui eût intercédé en faveur de M. Fouquet?

DE LYONNE.

Non, sire; mais la femme la plus pure, et mademoiselle de la Vallière est de ce nombre, n'est-elle pas indulgente pour celui qui ose l'aimer?

LE ROI.

L'aimer!... cet amour serait une insulte, presque un crime... et je ne croirai jamais que M. Fouquet se soit oublié jusqu'à le commettre.

DE LYONNE.

Même, si l'on en donnait une preuve à Votre Majesté ?

LE ROI.

Une preuve! vous auriez une preuve! Ah! s'il en était ainsi, malheur à lui!... Et cette preuve, monsieur, quelle est-elle?

DE LYONNE.

Une lettre.

LE ROI.

Une lettre!

DE LYONNE.

Sans suscription, il est vrai; mais dont chaque mot, chaque expression trahit la personne à laquelle elle est adressée..... où le nom de Louise se trouve plusieurs fois.

LE ROI.

Le nom de Louise?

DE LYONNE.

C'est le nom de mademoiselle de La Vallière..... une lettre où il est question d'un amour qui l'a suivie jusqu'au fond du couvent.

LE ROI.

Du couvent!

DE LYONNE.

Mademoiselle de La Vallière a été au couvent.—Enfin, où on lui demande un rendez-vous pendant cette fête, donnée en secret, lui dit-on, pour elle, pour elle seule. Est-ce assez clair?... Et Votre Majesté pourrait-elle douter encore?...

LE ROI, impétueusement.

Cette lettre, monsieur! cette lettre! donnez-la-moi!

DE LYONNE.

Sire, je ne le puis encore. Mais, ce soir, dans quelques instants, je m'engage à la remettre entre vos mains.

LE ROI.

Il suffit, monsieur, j'y compte; jusque-là, pas un mot de tout ceci. (Tous s'inclinent en signe de promesse. — Bruit en dehors). Qu'est-ce donc?

DE GÈVRES.

Sire, c'est toute la cour conduite par monsieur Fouquet.

LE ROI.

Lui!... (A part.) Oh! j'aurai la force de lui cacher ma colère!

SCÈNE VIII.

LES MÊMES, FOUQUET, LA REINE MÈRE, PÉLISSON, TOUTE LA COUR, puis SAINT-MARS.

FOUQUET, s'approchant du Roi.

Pardonnez-moi, sire, de vous avoir quitté quelques instants, — je songeais aux plaisirs de Votre Majesté.

LE ROI.

A mes plaisirs!.... Et moi, pendant ce temps, je m'occupais de vous, Monsieur.

FOUQUET.

De moi, sire?

LE ROI.

Oui; j'admirais ces richesses, ces magnificences.

LA REINE MÈRE.

Cette demeure est presque royale.

LE ROI.

Vraiment, je ne me doutais pas que vous fussiez possesseur d'une pareille habitation.

FOUQUET.

En est-il de trop belle pour recevoir Votre Majesté?

LOUISE, à part.

Quels singuliers regards le roi attache sur lui!... Je ne sais pourquoi, mais au milieu de cette joie, de cette fête, mon cœur se serre, comme à l'approche d'un malheur!

FOUQUET.

Maintenant, sire, vous plairait-il de donner le signal des divertissements?

LE ROI.

Comment!... un ballet? encore!... Allons, messieurs, allons, prenons place.

SAINT-MARS, qui vient d'entrer, s'approchant de Fouquet et bas.

Me voici, monsieur, je vous cherchais.

FOUQUET, à part.

Le marquis de Saint-Mars! (Bas à Saint-Mars.) En ce moment, monsieur, je me dois au roi, à la reine, aux personnes dont je suis l'hôte; mais à minuit, après la fête, je serai à vos ordres.

SAINT-MARS.

C'est bien, monsieur, j'attendrai.

(Pendant cet aparté, le Roi, les dames se sont assis sur des siéges préparés au fond, sur le perron et derrière lesquels se tiennent les Gentilshommes; Saint-Mars s'éloigne et les danses commencent.)

BALLET.

Après le ballet, un buffet somptueusement servi sort du milieu du perron. — Mouvement de surprise, d'admiration parmi l'assemblée. — Tout le monde se lève.)

TOUS.

Ah! merveilleux! admirable!

LE ROI.

On marche avec vous, monsieur Fouquet, d'enchantements en enchantements.

DE LYONNE, avec perfidie.

En vérité, monseigneur, le roi n'osera plus vous recevoir chez lui.

LE ROI, vivement.

Pourquoi donc, monsieur?.... (Bas.) Au donjon de Vincennes, on est aussi chez moi.

DE LYONNE, à part.

Il est perdu!

FOUQUET, offrant un verre au Roi.

A la santé du roi, messieurs!

TOUS, élevant leurs verres.

Au roi!

LE ROI.

Merci, messieurs, merci! — Mais, il est tard, — voici l'instant de nous retirer.

FOUQUET.

Sire, je vais avoir l'honneur de vous conduire à vos appartements.

LE ROI, sèchement.

Inutile, monsieur! je vous en dispense.

FOUQUET, après s'être incliné, et s'adressant aux chambellans.

Éclairez au roi, messieurs.

LE ROI, bas à de Lyonne.

Songez à tenir votre promesse.

DE LYONNE, bas.

Je ne l'oublierai pas, sire.

LOUISE, passant près de Fouquet.

Prenez garde!

FOUQUET, bas.

Que dites-vous?

LOUISE, bas et très-vite.

Je crains que l'on ne trame contre vous quelque chose.

FOUQUET, de même.

Et quoi donc?

LOUISE, de même.

Je ne sais.... mais je vais prier pour vous.

FOUQUET, à part.

Pauvre femme!.. si elle se doutait que dans un instant.....

LE ROI, à sa suite.

Venez, messieurs.

LOUISE, bas à Fouquet.

A demain, mon ami?

FOUQUET.

A demain!... Oui, oui... à demain.

(Louise rejoint la Reine; le Roi et toute la cour sortent.)

SCÈNE IX.

FOUQUET, PÉLISSON, puis SAINT-MARS, SAINT-AIGNAN, et DEUX AUTRES GENTILSHOMMES, BONAVENTURE.

FOUQUET.

Restez, Pélisson, et vous aussi, monsieur, vous savez que je compte sur vous.

PÉLISSON.

Oui, pour ce duel, ce malheureux duel, n'est-ce pas?... mais n'est-il donc aucun moyen d'empêcher?...

FOUQUET.

L'empêcher?... et comment?... Par le sacrifice de mon bonheur, d'un amour qui est toute ma vie? jamais! jamais!

PÉLISSON.

Mais au moins, monseigneur, promettez-moi...

FOUQUET.

Oh! soyez tranquille, mes jours me sont chers maintenant... et je saurai les défendre... Mais, quelqu'un vient de ce côté...

PÉLISSON, regardant.

C'est lui... c'est votre adversaire.

(Entre Saint-Mars, suivi de Saint-Aignan, de Bonaventure et d'un autre gentilhomme.)

SAINT-MARS, à Bonaventure.

Veille à ce que personne ne vienne nous interrompre. (A Saint-Aignan et à l'autre témoin.) Et vous, messieurs, veuillez assister au combat qui doit avoir lieu.

BONAVENTURE, à part.

Ah! je suis bien fâché d'avoir quitté la Champagne!

SAINT-MARS, s'approchant et à Fouquet.

Vous êtes prêt, monsieur?

FOUQUET.

Vous voyez, je vous attendais.

SAINT-MARS.

Vos témoins?

FOUQUET.

Les voici.

SAINT-MARS.

C'est bien. Vous avez votre épée, moi la mienne. — Commençons.

PÉLISSON.

Un instant, monsieur; avant tout, il est d'usage de régler les conditions.

SAINT-AIGNAN.

En effet... je dois...

SAINT-MARS.

Les conditions?... il n'en est qu'une: la mort de l'un des deux adversaires.

PÉLISSON.

La mort!

BONAVENTURE, à part.

Moi qui m'évanouissais quand je coupais une pratique!...

SAINT-MARS.

Allons, habit bas!... la poitrine découverte?... Il faut que la pointe aille au cœur de l'un de nous deux.

PÉLISSON.

Messieurs!... messieurs!...

FOUQUET, doucement.

Laissez-nous, Pélisson.

SAINT-MARS.

Et vous, monsieur, en garde!

FOUQUET.

En garde! (Ils tombent en garde. Saint-Mars presse Fouquet, qui ne fait que parer.) La colère vous aveugle... vous tenez mal votre épée.

SAINT-MARS.

A vous, monsieur, à vous!

(Il se fend sur Fouquet, qui d'un revers brise son épée.)

TOUS.

Ah!

FOUQUET.

Votre épée est brisée, monsieur.

SAINT-MARS.

Mon témoin me prêtera la sienne.

SAINT-AIGNAN.

Pardon! la mienne est une épée de bal... les armes seraient inégales, et je ne puis souffrir...

PÉLISSON.

Tout duel devient impossible.

SAINT-MARS.

Impossible! vous vous trompez! J'ai dit: A la mort de l'un de nous deux, et l'un de nous doit rester sur la place. J'ai là des pistolets...

BONAVENTURE, à part.

Des pistolets à présent!

SAINT-MARS, qui a été les prendre.

On n'en chargera qu'un. Nous tirerons au sort. Puis le pied contre le pied, les yeux sur les yeux, et le canon sur la poitrine... Vous comprenez qu'alors il n'y aura plus là ni force, ni adresse... et que les chances seront égales.

PÉLISSON.

Un pareil combat!...

SAINT-MARS, à Fouquet.

Refuseriez-vous?

FOUQUET.

Non, monsieur, j'accepte.

PÉLISSON.

Grand Dieu! y songez-vous?...

FOUQUET, bas.

J'ai déshonoré monsieur de Saint-Mars et je lui dois telle réparation qu'il lui plaît d'exiger. Faites ce qu'il vous a dit, messieurs.

PÉLISSON.

Mais...

FOUQUET.

Mon ami, je vous en prie.

PÉLISSON, à part.

Mon Dieu! mon Dieu! protégez-le!

(On charge une des armes. — Moment de silence.)

SAINT-MARS.

Eh! bien... est-ce fait?

SAINT-AIGNAN, avec les pistolets.

Oui.

(Saint-Mars prend un des pistolets, Fouquet l'autre.)

PÉLISSON.

Ah! monseigneur!...

FOUQUET, lui serrant la main et bas.

Allons, du courage!... et si je dois succomber, dis-lui que je suis mort plutôt que d'appartenir à une autre qu'elle.

SAINT-MARS.

Êtes-vous prêt, monsieur?

FOUQUET.

Commencez, monsieur!

(Ils se placent tous deux face à face, le pistolet sur la poitrine.)

BONAVENTURE, à part.

Je n'ai pas une goutte de sang dans les veines.

SAINT-MARS.

Au cœur donc!

FOUQUET.

Tirez, monsieur. (L'amorce brûle, le coup ne part pas.)

SAINT-MARS.

Le sort vous favorise, monsieur.

FOUQUET.

Oui, là, dans cette arme est votre destinée; que mon doigt presse la détente, et vous tombez mort à mes pieds.

SAINT-MARS.

J'attends, monsieur; tirez, mais tirez donc!

FOUQUET.

Non!

SAINT-MARS.

N'avez-vous de courage que pour déshonorer une femme?

FOUQUET.

Malheureux!... (Il relève son pistolet, puis, l'abaissant.) Non, je ne tuerai pas le frère d'Athénaïs de Saint-Mars.

(Il jette le pistolet loin de lui.)

SAINT-MARS, avec fureur.

Mais sa générosité est une insulte nouvelle! mais il me déshonore une fois de plus!... Ah! cette injure... cette honte, je la laverai dans son sang! (Il ramasse le tronçon d'épée et se précipite sur Fouquet.) Défends-toi!

FOUQUET.

Malheureux!...

LES AUTRES.

Arrêtez!

(Une lutte s'engage corps à corps entre eux. — Fouquet terrasse Saint-Mars et lui met le genou sur la poitrine.)

FOUQUET.

Messieurs, vous êtes témoins que monsieur de Saint-Mars s'est jeté sur moi pour me tuer, que je pouvais l'étouffer sous mon genou... et que pour la troisième fois, je lui ai fait grâce! (A Saint-Mars.) Relevez-vous, monsieur.

SAINT-MARS, à part avec une colère farouche.

Terrassé!... vaincu!... déshonoré par lui!... Oh! ma vie, ma vie tout entière pour venger mon honneur!

(Grande rumeur en dehors; le parc s'éclaire tout à coup, des domestiques, portant des flambeaux, entrent précédant le Roi, qui paraît une lettre à la main et suivi par des gardes et toute la cour.)

TOUS.

Qu'est-ce donc?... qu'y a-t-il?

SCÈNE X.

LES MÊMES. LE ROI DE GÈVRES, DE LYONNE, LOUISE, GARDES, GENTILSHOMMES ET DAMES DE LA COUR.

LE ROI, très-agité et à de Gèvres.

Vous m'avez entendu, monsieur, que l'on exécute à l'instant mes ordres.

LOUISE, à part.

Mon Dieu! qu'a-donc le roi?... et que s'est-il passé?

DE GÈVRES, s'approchant de Fouquet.

Monsieur Fouquet, au nom du roi, je vous arrête.

LOUISE.

Grand Dieu! (Mouvement de Saint-Mars.)

FOUQUET.

M'arrêter, moi!... Et qu'ai-je fait, sire?... De quel crime m'accuse-t-on?

LE ROI.

C'est ce que je laisse à votre conscience le soin de vous apprendre, monsieur.

FOUQUET.

Ma conscience ne me reproche rien, sire; je souhaite que mon arrestation laisse la vôtre aussi tranquille.

LE ROI.

Monsieur!...

FOUQUET.

Quel lieu Votre Majesté assigne-t-elle à mon exil?

LE ROI.

Le château de Pignerol, où vous resterez en attendant que mon parlement s'assemble pour vous juger.

SAINT-MARS, pensif.

Pignerol!

LOUISE, pleurant et à part.

Perdu!... quand je le retrouve!... quand je croyais être à lui!... Ah! malheureuse! malheureuse!

SAINT-MARS, s'approchant du roi.

Sire, Votre Majesté avait daigné me promettre une grande faveur... mon admission dans ses gardes.

LE ROI.

C'est vrai, monsieur, eh bien?

SAINT-MARS.

Eh bien, je lui demande une faveur plus précieuse à mes yeux.

LE ROI.

Et cette faveur?

SAINT-MARS.

C'est de me confier la garde de votre prisonnier.

LE ROI.

A vous, monsieur?... quel motif?

SAINT-MARS, bas.

Il a déshonoré ma sœur.

LE ROI, le regardant.

Monsieur de Saint-Mars, je vous nomme gouverneur du château de Pignerol.

SAINT-MARS.

Et si grande que soit son offense, si forte que soit votre haine, je vous jure par le ciel que vous serez bien vengé! (A Bonaventure.) Cette nuit même nous partons pour Pignerol.

BONAVENTURE.

Une prison!... (à part.) Eh bien, elle est gentille la condition tranquille!

FOUQUET, bas.

Adieu, Louise!... (Haut) Partons, messieurs.

LOUISE, à part.

Oh! je le sauverai! je le sauverai!

ACTE II.

TROISIÈME TABLEAU.

A PIGNEROL.

Le théâtre est séparé en deux, mais d'une manière inégale; à gauche, et n'occupant que le tiers environ de la scène, est le cachot de Fouquet; fenêtre garnie de barreaux à gauche, porte à droite, dans le mur de séparation; un grabat, un escabeau. — La partie de droite représente une salle de la prison. — Porte d'entrée au fond, porte à droite. — Une table de bois, une chaise.

SCÈNE PREMIÈRE.

FOUQUET, seul, dans le cachot, assis sur le grabat, la tête dans ses mains.

Trois ans!... Depuis trois ans je suis dans ce cachot, privé d'air, privé de la lumière du ciel!... à la merci d'un homme dont la haine implacable s'ingénie à me torturer!... Et je suis innocent!... et je n'ai commis aucun crime!... Quelque temps, j'ai espéré dans la justice du roi... dans les instances de mes amis pour me sauver... Amitié, rêve éteint!... Justice, vain fantôme!... Pendant ces trois années, pas un souvenir du dehors, pas un mot de consolation ou d'espoir n'a pénétré jusqu'à moi! Sacrifié, abandonné, jamais je n'ai reçu de nouvelles de ceux qui m'étaient chers... de Louise!... Hélas! elle aussi, m'a-t-elle oublié? comme les autres?... comme tout le monde?... On oublie si vite les malheureux, pour qui le temps passe si lentement!... Et songer que ce supplice doit durer autant que ma vie!... que jamais ces portes ne s'ouvriront pour moi!... Ah! cette pensée est horrible!... Tant de regrets, de douleurs sont au-dessus de mes forces!... Mon Dieu! n'aurez-vous pas pitié de moi?... Si quelquefois, aux jours de ma fortune, le démon de l'ambition, de l'orgueil s'est emparé de mon âme, n'ai-je pas expié cette faute par trois années de souffrances, d'humiliations et de larmes?... Mon Dieu! venez à mon secours!... Faites descendre au cœur de mes bourreaux un rayon de votre divine miséricorde!... ou, si la sentence des hommes est irrévocable, si je suis destiné à une lente, à une perpétuelle agonie... eh bien! du moins, abrégez mes tourments!... Seigneur, Seigneur, faites-moi mourir!

(Il retombe accablé sur le grabat. — La porte du fond de l'autre salle s'ouvre et Simon entre suivi de Bonaventure.)

SCÈNE II.

FOUQUET, dans le cachot, SIMON et BONAVENTURE, dans la salle de droite.

SIMON, portant une cruche et un panier de provisions. A Bonaventure qui tient un plat à barbe, un rasoir, etc.

Allons, reste ici!... J'entre chez le prisonnier pour lui porter sa pitance... Toi, pendant ce temps-là, prépare ce qu'il faut pour me faire la barbe.

BONAVENTURE.

C'est bon, mon Dieu! c'est bon!... On va vous raser... on va tâcher de vous faire joli... (Entre ses dents.) si c'est possible.

SIMON, qui ouvrait la porte du cachot, se retournant.

Hein!... Tu dis?...

BONAVENTURE.

Rien... rien, maître Simon... Je plaisantais, voilà tout!... Il faut bien chercher à s'égayer un peu.

SIMON.

Hum!... méchant bavard!... Dépêche-toi. (Il entre dans le cachot.)

BONAVENTURE, à lui-même, tout en préparant son savon et son rasoir.

Est-il gentil!... est-il gracieux!... Gredin, va!... En voilà un que j'exècre!... Sans cesse à me maltraiter, à me rudoyer, comme si déjà ma position n'était pas assez douloureuse.

SIMON, entrant dans le cachot.

Tenez, voilà votre dîner.

BONAVENTURE, à part.

Quand je pense que ce gueux-là m'a fait punir par le gouverneur, sous le frivole prétexte que j'avais montré de l'intérêt au prisonnier ci-joint... Ah! scélérat! j'ai encore sur le cœur les huit jours de cachot que tu m'as fait faire!

SIMON, qui a posé la cruche, le pain, etc.

Eh bien! est-ce qu'il dort?... Ma foi, qui dort dîne!... A son aise!

BONAVENTURE, à part.

Je ne suis pas féroce, mais si jamais je le tenais sous ma coupe, comme j'aurais du plaisir!...

SIMON, rentré dans la salle et après avoir refermé la porte du cachot.

A nous deux maintenant! Voyons, ce rasoir est-il repassé? le savon mousse-t-il?

BONAVENTURE, à part.

C'est moi qui mousse! (Haut.) Voilà! voilà!... Je suis à vous (Lui avançant une chaise.) Mettez-vous là.

SIMON, s'asseyant.

Et tâche de m'arranger comme il faut.

BONAVENTURE, lui attachant une serviette sous le menton.

Soyez donc tranquille!... vous aurez l'air d'un vrai chérubin! (A part.) Brigand!

SIMON.

Eh! mille tonnerres! ne serre donc pas si fort!... Tu as failli m'étrangler.

BONAVENTURE.

Ah! pardon! (A part.) Que n'ai-je réussi, grand Dieu! (Haut et commençant à raser.) Comment va le prisonnier aujourd'hui?

SIMON.

Qui, le prisonnier?

BONAVENTURE.

M. Fouquet?

SIMON.

Lui?... Il ne va que trop bien.

BONAVENTURE.

Comment, que trop bien?

SIMON.

Eh! oui... car sans lui, je ne serais pas ici... Si tu crois que ça m'amuse d'être geôlier!...

BONAVENTURE.

Eh bien! et moi, qu'est-ce que je dirai donc?

SIMON.

Toi?

BONAVENTURE.

Oui, moi, qui n'avais quitté la Champagne que dans le fol espoir de voir Paris... et ses monuments; la Sorbonne, le pont Neuf, la tour Saint-Jacques... Ah! Dieu! la tour Saint-Jacques! c'était mon rêve!... Obligé de partir, le jour même de mon arrivée, pour Pignerol... Retranché de la société à la fleur de mon âge... Préposé à la surveillance d'un prisonnier d'État... Comme c'est gai!... Et dire que j'en ai comme ça jusqu'à la fin de mes jours!

SIMON.

Ou des siens.

BONAVENTURE.

Ah! dame! il est clair que s'il venait à trépasser...

SIMON.

M. de Saint-Mars, qui n'est venu ici que pour le regarder, donnerait sa démission... et alors...

BONAVENTURE.

Campo général! Liberté, libertas! c'est ça qui m'irait!

SIMON.

Eh bien! puisque ça t'ennuie d'être en prison, qui t'empêche d'abréger ta captivité?

BONAVENTURE.

L'abréger!... c'est bientôt dit... mais comment?

SIMON.

Comment, bêtat?... mais rien ne te serait plus facile.

BONAVENTURE.

A moi?

SIMON.

N'es-tu pas chargé de lui faire la barbe?

BONAVENTURE.

Eh bien! après?

SIMON.

Eh bien! un coup de maladroit est si vite donné.

BONAVENTURE.

Hein?

SIMON.

Le prisonnier a déjà plusieurs fois essayé de se donner la mort, tu diras qu'il s'est jeté sur ton rasoir, et...

BONAVENTURE, effrayé.

Et... et quoi?... quoi, quoi, quoi?

SIMON, portant la main à son cou.

Tiens, il y a là une artère que l'on appelle la carotide.

BONAVENTURE.

La caro?...

SIMON.

Tide.

BONAVENTURE.

Ah! bon! le gésier.

SIMON.

Un beau matin, en barbifiant notre homme, tu appuies un peu avec ton rasoir... et crac!...

BONAVENTURE.

Crac? (A part.) Mais c'est un infâme scélérat que je rase là! (Il s'éloigne et se met à repasser vivement son rasoir.) Comment, gueux, tu me persécutes et tu veux faire de moi un meurtrier!... Oh! Dieu!... il me pousse des idées à son endroit.

SIMON.

Allons! achève-moi donc.

BONAVENTURE.

On y va! (Il le rase. A part.) J'en ai envie de t'achever, brigand!

SIMON.

Eh bien, que dis-tu de mon idée?

BONAVENTURE.

Votre idée... elle me galope dans le cerveau, votre idée... Vous dites donc qu'en appuyant un peu là... sur la...

SIMON.

Sur la carotide.

BONAVENTURE, avec animation.

On exterminerait son ennemi?

SIMON.

En une seconde. Allons, décide-toi.

BONAVENTURE, d'un air sombre

Vous me conseillez de me décider... vous?

SIMON.

Eh! oui.

BONAVENTURE, agitant son rasoir.

J'ai des éblouissements, la carotide me fascine! ne bougez-pas, Simon!... ne bougez-pas!... elle me cherche, la carotide... elle me tente... la carotide...

SIMON, un peu inquiet.

Eh bien!... eh bien!... qu'est-ce qui lui prend?

BONAVENTURE, menaçant.

Ah! vous me brutalisez du matin au soir!... ah! vous m'avez fait infliger une punition violente! et vous me conseillez le meurtre à la carotide!

SIMON, effrayé.

Hein?... comment?... est-ce qu'il aurait l'intention?... (Il va pour se lever.)

BONAVENTURE.

Ne bougez pas!... je la vois, je la sens, je la tiens la carotide!

SIMON, le repoussant et se levant.

Ah çà, mille diables! veux-tu bien finir?... A-t-on jamais vu un pareil enragé!... il m'a fait une peur!

BONAVENTURE, qui s'est calmé.

Allons, c'est fini!... c'est passé!... rasseyez-vous.

SIMON.

Non pas!... non pas!... ça n'aurait qu'à te reprendre... (A part.) Dorénavant je me raserai moi-même... c'est plus sûr!

SCÈNE III.

LES MÊMES, SAINT-MARS, LOUISE.

SAINT-MARS, à Louise.

Par ici, madame, veuillez entrer.

SIMON, à part.

Tiens!

BONAVENTURE, à part.

Une femme du beau sexe!

LOUISE, à part avec tristesse.

Je ne l'ai pas encore trouvé; poursuivons mes recherches! (Haut.) Est-ce que cette salle, monsieur le gouverneur, conduit chez d'autres prisonniers?

(Simon et Bonaventure sortent sur un signe de Saint-Mars).

SAINT-MARS.

Oui, madame... mais avant de continuer votre visite, ne serait-il pas convenable de vous reposer quelques instants? Vous paraissez émue, troublée...

LOUISE.

Et ce trouble, cette émotion sont bien naturels... la mission que le roi, sur ma demande, a daigné me confier, celle de visiter, de consoler de malheureux prisonniers... si elle a son but pieux et charitable, offre aussi son côté pénible et affligeant. La vue de tant d'infortunes affecte douloureusement le cœur.

SAINT-MARS.

Mais comment vous, madame, destinée à vivre à la cour, avez-vous pu accepter, solliciter même un emploi si triste?

LOUISE.

Avant d'être à la cour, monsieur, je m'appelais sœur Louise de la Miséricorde; j'avais fait vœu de charité... et, bien que rentrée dans le monde, ce vœu j'ai voulu l'accomplir.

SAINT-MARS.

Permettez-moi de vous féliciter et de me réjouir, madame, de cet acte de dévouement et de courage; je lui dois un bonheur auquel j'étais loin de m'attendre.

LOUISE.

Un bonheur!... Je ne vous comprends pas.

SAINT-MARS.

Ah! c'est que vous ignorez ce que j'ose à peine vous apprendre, c'est que, lorsque vous croyiez n'être pour moi qu'une étrangère, presque une inconnue... (Baissant un peu la voix.) Depuis longtemps vous occupiez mon cœur et ma pensée.

LOUISE.

Moi! moi, monsieur!

SAINT-MARS.

Oui, depuis le jour où, pour la première fois, à travers la grille d'un couvent, vous m'êtes apparue comme une vision céleste...

LOUISE.

Que dites-vous?

SAINT-MARS.

Aussi jugez de ma joie, quand j'ai appris que vous étiez libre; des espérances que j'ai pu concevoir, et que votre présence vient encore ranimer...

LOUISE.

Monsieur!... (A part.) Aimée de lui, le geôlier, le persécuteur de... Ah! cachons-lui l'aversion, l'horreur qu'il m'inspire! (Haut.) Pardon!... mais la mission que j'ai à remplir n'est pas encore achevée, il me reste à soulager d'autres douleurs.

SAINT-MARS.

En effet, madame, et dès que vous l'ordonnerez...

LOUISE, indiquant la porte du cachot.

Là, d'abord?...

SAINT-MARS, troublé.

Là!

LOUISE.

Oui... N'est-ce pas la porte d'un cachot?

SAINT-MARS.

Là, madame, il n'y a personne.

BONAVENTURE, qui vient de rentrer, bas à Simon.

Hein? comment, personne!

SIMON, bas.

Tu sais bien qu'il ne veut pas qu'on voie celui-là.

LOUISE.

Je vais donc continuer ailleurs ma visite.

SAINT-MARS.

Souffrez que je vous conduise.

LOUISE.

Pardon, monsieur, mais l'aveu que je viens d'entendre ne me permet pas de continuer avec vous cette visite. (Montrant Bonaventure.) Cet homme, si vous le permettez, me servira de guide.

BONAVENTURE, à part.

Ma physionomie l'a charmée.

SAINT-MARS.

Je vous comprends, madame, et je me résigne. Mais, du moins, promettez-moi qu'avant de quitter Pignerol, vous consentirez à me revoir.

LOUISE.

Je vous le promets, monsieur. (A Bonaventure.) Venez, mon ami.

BONAVENTURE.

Voilà, madame, voilà! (A part.) Son ami!... décidément, je lui reviens.

LOUISE, à part.

Faites que je réussisse, faites que je le sauve, mon Dieu!

(Elle salue Saint-Mars, qui s'incline et sort avec Bonaventure par la porte de droite.)

SCÈNE IV.

FOUQUET, SAINT-MARS, SIMON.

SAINT-MARS, regardant sortir Louise, à part.

Que dois-je attendre?... espérer? Ah! si elle consentait à partager ma vie!... si son amour pouvait me reposer de ma haine! (A Simon, en lui indiquant le cachot.) Ouvre-moi.

SIMON, après avoir ouvert, annonçant.

Monsieur de Saint-Mars!

(Saint-Mars fait signe à Simon de s'éloigner et entre dans le cachot. — Fouquet a relevé la tête. — Ils se regardent quelques instants en silence.)

FOUQUET.

C'est vous, monsieur! que me voulez-vous encore? venez-vous insulter à mon malheur? vous repaître de la vue de mes souffrances?

SAINT-MARS, froidement.

Je viens, monsieur, comme gouverneur de cette forteresse, écouter vos réclamations si vous en avez à faire.

FOUQUET, avec un sourire amer.

Si j'en ai à faire?... non, monsieur, non... je suis las de réclamer contre l'injustice qui me frappe, contre les traitements odieux dont je suis victime.

SAINT-MARS.

En cela, monsieur, je me conforme aux ordres que j'ai reçus.

FOUQUET.

Alors, n'étouffez pas ma plainte, laissez-moi écrire au roi.

SAINT-MARS.

Les prisonniers n'écrivent pas au roi.

FOUQUET.

Bien, bien, monsieur!... trouvez-vous que ce soit assez de douleurs, assez de tortures? votre âme est-elle satisfaite? votre haine est-elle assouvie? suis-je assez brisé, vaincu, torturé?.. êtes-vous heureux, monsieur?

SAINT-MARS.

Heureux!... (Avec amertume.) Oui, oui, bien heureux en effet!... je dois bénir, n'est-ce pas, le sort que vous nous avez fait à tous deux? je dois bénir cette tâche que je me suis imposée dans un jour de colère et pour satisfaire une juste vengeance... Un brillant avenir s'ouvrait devant moi, vous m'avez forcé d'y renoncer... mon nom était respecté, vous l'avez flétri... j'étais un soldat libre et fier, vous avez fait de moi un geôlier. Vous avez raison, monsieur, plaignez votre sort et enviez le mien; car il est bien digne d'envie!

FOUQUET.

S'il en est ainsi... pour vous-même, sinon pour moi, mettez fin à ce long supplice! si je suis condamné à passer mes jours en prison, à souffrir, pendant toute ma vie, des maux cent fois plus cruels que la mort, laissez-moi terminer cette existence misérable! donnez-moi une arme!... laissez-moi me tuer.

SAINT-MARS, froidement.

Vous êtes fou, monsieur. Oubliez-vous que vous êtes sous ma garde?... que je réponds de vos jours au roi?

FOUQUET.

Mais votre cœur est donc inaccessible à la pitié?

SAINT-MARS.

En avez-vous eu pour moi quand vous avez porté la honte et le déshonneur dans ma famille?... en avez-vous eu pour moi, quand, au lieu de me tuer, comme je vous le demandais, comme c'était votre droit, vous m'avez outragé, foulé aux pieds?... De la pitié! mais j'ai encore sur la poitrine l'empreinte de votre talon!

FOUQUET, avec force.

Eh bien! vengez donc cette insulte!... prenez votre épée!... frappez-moi.

SAINT-MARS.

Eh! monsieur... je suis soldat, je ne suis pas le bourreau.

FOUQUET.

C'est vrai!... je vous faisais trop d'honneur. Le bourreau tue, et vous, vous torturez!

SAINT-MARS, réprimant un mouvement de colère.

Des injures!... pour me pousser à bout? vous n'y parviendrez pas. Je vous le répète, monsieur, je fais mon devoir.

FOUQUET.

Votre devoir!... en me persécutant sans cesse?... en aggravant, par tous les moyens, les horreurs de ma captivité?... Non ce n'est pas le roi qui me poursuit, c'est vous!... cette vengeance est indigne de lui... elle est vile et méprisable... et quand vous la lui attribuez, vous mentez!

SAINT-MARS, portant la main à son épée qu'il sort à demi.

Malheureux!

FOUQUET.

Du cœur donc, du cœur!

SAINT-MARS, rentrant son épée.

Je réponds de vous à Sa Majesté! vous êtes prisonnier du roi, monsieur.

FOUQUET.

Dites que vous tremblez qu'on ne vous demande compte de ma vie. Ce n'est pas le devoir qui retient votre bras, c'est la peur, monsieur, c'est la peur.

SAINT-MARS.

Taisez-vous, monsieur, taisez-vous!

FOUQUET.

Ah! voilà que vos yeux s'animent... que le sang vous monte au visage... Eh bien! oui, je vous dis encore que vous mentez!... je vous dis que le roi n'a pu donner de pareils ordres. Mes souffrances sont votre œuvre... elles sont l'œuvre d'un lâche!

SAINT-MARS, sortant son épée.

Misérable!

FOUQUET.

Allons donc, geôlier, redeviens gentilhomme!

SAINT-MARS.

Eh bien...

(Il porte l'épée à la poitrine de Fouquet.)

FOUQUET.

Frappez! mais frappez donc!...

SAINT-MARS, se calmant.

Non, non, c'est en vous tuant que je serais un lâche! (Il brise son épée.) Vous êtes prisonnier du roi, monsieur, vous êtes prisonnier du roi!

(Il s'élance hors du cachot, fait signe à Simon qui vient de rentrer de fermer la porte, puis il sort avec lui par le fond.)

FOUQUET, seul, se laissant tomber sur l'escabeau qui est près de la porte de son cachot.

Ah! plus d'espoir!... plus d'espoir!

SCÈNE V.

FOUQUET, dans le cachot, LOUISE et BONAVENTURE, entrant dans la salle de droite.

BONAVENTURE.

Là... voilà notre tournée finie! je vous ai montré tous nos prisonniers.

LOUISE.

Tous? vous vous trompez... il y en un que je n'ai pas vu.

BONAVENTURE.

Un?... ah! bah! j'en aurais sauté un?

LOUISE.

Le plus malheureux, le plus à plaindre de tous! monsieur...

BONAVENTURE.

Chut!... je le connais, madame.

LOUISE.

Où donc est-il?... conduisez-moi vers lui.

BONAVENTURE, à part.

Pour remanger du cachot?... plus souvent! (Haut.) Oh! quant à ça, madame, c'est impossible!

LOUISE.

Impossible! et pourquoi?

BONAVENTURE.

Ce prisonnier-là, il est défendu de le voir.

LOUISE, à part.

Grand Dieu!

BONAVENTURE.

Ah! s'il n'y allait que de ma place, je ne dis pas!... ce serait même avec plaisir que...

LOUISE.

Les instants sont précieux, écoutez-moi: je ne suis venue que pour le sauver.

BONAVENTURE.

Hein?... le... le sauver?... je me sauve.

LOUISE, le retenant.

Il faut que vous me secondiez dans ce projet.

BONAVENTURE.

Moi!... jamais!... au grand jamais!

LOUISE.

Pourtant, si l'on vous offrait...

BONAVENTURE, voulant toujours s'en aller.

Non, non... je suis incorruptible.

LOUISE.

Cent mille livres...

BONAVENTURE, *s'arrêtant.*

Plait-il?

LOUISE.

Cent mille livres seront le prix de votre dévouement.

BONAVENTURE, *ébloui.*

Cent milles livres!

LOUISE.

De quoi assurer votre existence, votre avenir.

BONAVENTURE, *à part.*

Seigneur Dieu!... cent mille livres!... je serais millionnaire!... oui, mais je serais pendu!...

LOUISE.

Songez à ma reconnaissance, qui sera éternelle... au plaisir d'avoir contribué à une bonne action.

BONAVENTURE.

Certainement... la bonne action... la reconnaissance... les cent mille livres... tout ça est bien tentant... Mais... mais... je serais pendu!... et je refuse.

LOUISE.

Ah!... si vous saviez ce que cette séparation m'a coûté de chagrins, de larmes... les obstacles qu'il m'a fallu surmonter... les efforts qu'il m'a fallu faire pour arriver jusqu'ici!... De grâce, ne repoussez pas ma prière. (*Avec force.*) C'est une fortune que je vous donne pour racheter sa liberté, c'est ma vie que je vous donne pour racheter la vie de Fouquet.

FOUQUET, *frappé de stupeur.*

Fouquet!...

LOUISE.

Ah!...

FOUQUET.

Qui a prononcé mon nom?...

LOUISE, *qui a entendu.*

Là... là!... mais... mais c'est lui, c'est lui!...

(Elle montre, sans pouvoir parler, la porte du cachot.)

FOUQUET.

Louise!... Louise!...

LOUISE, *allant tomber à genoux près du mur du cachot.*

Ah!... ah!... c'est toi! tu es là, tu es là, n'est-ce pas?

BONAVENTURE.

Madame! mais taisez-vous donc!

FOUQUET.

Oui, oui, c'est elle... c'est bien elle... Louise, ma Louise bien-aimée!...

BONAVENTURE.

Mais, saprelotte! vous allez nous perdre!

LOUISE.

Ah! le ciel n'est donc pas sans pitié!...

FOUQUET.

Vous ici!... près de moi!... Parlez, parlez encore!... Dites-moi que c'est bien vous!... que je ne m'abuse pas!...

LOUISE, *tendant les bras vers lui.*

Oui, c'est moi... moi, qui vous aime, qui viens vous sauver...

BONAVENTURE.

Le sauver!... comme elle y va!... Permettez, madame!...

FOUQUET, *cherchant à ébranler la porte du cachot.*

Et je ne puis la voir!... la presser sur mon cœur!... Louise!... chère Louise!... vous ne m'avez donc pas oublié?...

LOUISE.

Vous oublier?... Mais depuis trois ans je ne songeais qu'à vous... je n'avais qu'une pensée, un espoir! votre délivrance.

FOUQUET.

Ma délivrance!

BONAVENTURE.

Plus bas!... mais plus bas, donc!

LOUISE, *parlant plus bas.*

Oui, oui, mon ami... le ciel a béni mes efforts : ce soir, ce soir même, tous vos maux finiront.

FOUQUET.

Il se pourrait!... et comment?... par quel moyen?

LOUISE.

J'ai là près de moi un brave homme qui nous aidera.

BONAVENTURE.

Moi? permettez...

LOUISE.

Il vous remettra une échelle de cordes que j'ai pu cacher, en entrant, dans un endroit que je lui désignerai.

BONAVENTURE.

Une échelle de cordes! jamais de ma vie!... On va vous entendre!

LOUISE.

Au nom de votre mère!...

BONAVENTURE.

Mais taisez-vous donc, madame!

LOUISE.

A dix heures, vous descendrez par la fenêtre de votre cachot... Une autre échelle préparée à l'avance vous permettra de franchir le fossé, et vous serez libre.

FOUQUET.

Libre!

BONAVENTURE, *se croisant les bras d'un air désespéré.*

Allez! allez! faites comme chez vous!

LOUISE.

Oui, libre!... entendez-vous? libre!... (*A Bonaventure.*) Car vous acceptez, vous acceptez, n'est-ce pas?

BONAVENTURE.

Eh bien, oui, j'accepte, je consens, je trouverai un moyen... Mais songez qu'on pourrait venir et vous entendre...

LOUISE.

C'est vrai... vous avez raison... Partons, éloignons-nous! (*Retournant au cachot.*) A ce soir!... à dix heures!

FOUQUET.

Oui... oui... Dieu m'aidera... A ce soir, ma Louise, à ce soir!

BONAVENTURE.

Encore!... (*A part.*) Ah! que d'émotions! j'en aurai une jaunisse, c'est sûr!... (*A Louise.*) Mais venez donc, madame, venez donc!

LOUISE.

Oui! oui!

(Elle attache un dernier regard sur le cachot et sort par le fond avec Bonaventure.)

SCÈNE VI.

FOUQUET, *seul.*

Libre!... libre!... l'ai-je bien entendu!... Je pourrais échapper à cet enfer!... fuir avec elle... Tant de joie, de bonheur, après tant d'infortunes!... Et je doutais de son amour!... et je doutais, mon Dieu, de votre providence!... (*Tombant à genoux.*) Ah! pardonnez-moi ce blasphème!... j'étais injuste, j'étais coupable!... Et toi, Louise, ange de dévouement et de salut, sois remerciée, sois bénie dans mon cœur! (*Après quelques moments, se relevant.*) Dans un instant, a-t-elle dit; attendons!...

(Il s'assied sur l'escabeau et reste plongé dans ses pensées. — Le jour a baissé par dégrés. — Au bout de quelques instants, on voit entrer par le fond Simon, et Bonaventure qui porte un paquet. — Ils se parlent bas et avançent avec précaution.)

SCÈNE VII.

FOUQUET, *dans le cachot*, SIMON *et* BONAVENTURE, *dans la salle de droite.*

SIMON, *à voix basse.*

Voyons, entendons-nous bien... Tu dis donc?...

BONAVENTURE, *de même.*

Qu'il ne tient qu'à nous de faire évader le prisonnier ce soir même. Ça doit vous aller, vous que ça ennuyait de le garder.

SIMON.

Et pour faire envoler l'oiseau, je gagne?...

BONAVENTURE.

Votre liberté d'abord... plus la moitié de ce qu'on m'a promis pour la chose, dix mille livres.

SIMON.

Tu m'avais parlé de vingt.

BONAVENTURE.

Oui, dix mille que je vous donne et dix mille que vous auriez données pour le voir partir, ça fait vingt mille livres!

SIMON.

Pas tout à fait; mais enfin...

BONAVENTURE.

Enfin, est-ce convenu?

SIMON.

Oui, donne-moi ce paquet... Je me charge de le remettre.

BONAVENTURE, *le lui donnant.*

Voilà!

SIMON.

Maintenant, laisse-moi... Faut éviter qu'on nous voie ensemble.

BONAVENTURE.

Compris!... Je m'en vas. (*A part.*) C'est dix mille livres que ça me coûte; mais comme ça il est compromis... Faut savoir faire des sacrifices.

(Il sort par le fond.)

SCÈNE VIII.

FOUQUET, *dans le cachot*, SIMON, *dans la salle.*

SIMON, *à part.*

Oui, je remettrai les limes... Je remettrai l'échelle... C'est-à-dire une partie de l'échelle... Un prisonnier qui s'évade peut être repris... Faudrait encore être geôlier... tandis que s'il se tue, j'en suis débarrassé à tout jamais... (Prenant un couteau dans sa poche et l'ouvrant.) Raccourcissons ma captivité. (Il coupe une partie de l'échelle.) Une chute d'une cinquante de pieds sur le roc... S'il en réchappe, il aura du bonheur!... Allons!...

(Simon ouvre le cachot.)

FOUQUET, se levant.

Ah! c'est lui!... (A Simon, qui entre.) Eh bien?

SIMON, bas.

Silence!... voilà ce qu'on m'a dit de vous remettre... Des limes pour scier vos barreaux!...

FOUQUET.

Donnez...

(Il prend la lime et se met à scier l'un des barreaux.)

SIMON.

Des vêtements pour vous rendre méconnaissable... Avec cela une échelle de cordes pour descendre dans le fossé.

FOUQUET.

Bien, bien! Placez-la ici...et comptez sur ma reconnaissance.

SIMON.

Parvenu au dernier échelon, sautez de confiance. Trois ou quatre pieds au plus vous sépareront du sol.

FOUQUET.

C'est convenu!...

SIMON.

A présent, le reste vous regarde... Bonne chance!...

(Il ressort du cachot dont il referme la porte.)

FOUQUET, qui a détaché l'un des barreaux.

Oui... oui, Dieu secondera mes efforts... Il ne veut pas m'envoyer cette espérance pour la faire évanouir aussitôt. (Il détache le second barreau.) L'échelle... la voici... La nuit est obscure... (Il attache l'échelle.) Seigneur, je vous confie ma vie et mon âme... Seigneur, prenez pitié de moi...

(Il sort par le fenêtre.)

QUATRIÈME TABLEAU.

L'extérieur du donjon de Pignerol, entouré d'un large fossé. — En face du public, un pont levis qui conduit sur le glacis. — Au fond, la vallée. — Il fait clair de lune.)

SCÈNE PREMIÈRE.

LOUISE et PÉLISSON, dans un enfoncement à gauche, de l'autre côté du fossé. — FOUQUET, à une fenêtre du donjon.

LOUISE, bas.

Voyez, c'est lui... Le voilà!...

PÉLISSON.

Oui, mais parlez bas... Son sort se décide en ce moment.

LOUISE, de loin, à Fouquet.

Courage, ami, courage!...(On entend une voix dans le lointain.) Qu'est-ce que cela?...

(Ils écoutent immobiles.— Fouquet cesse de descendre.)

LA VOIX, *dans le lointain.*

Depuis que Thérèse
N'est plus au pays,
Mon cœur n'a plus d'aise;
N'ai plus que soucis!
Ah! qui me rendra
L'amour de Thérèse?
Ah! qui me dira
Lorsque reviendra?

LOUISE.

On vient... (A Fouquet, de loin.) Attends...

PÉLISSON, bas.

C'est un pâtre qui ramène son troupeau en chantant.

(Le pâtre traverse le théâtre et continue en chantant.)

LE PATRE.

Sa chèvre fidèle
La cherche en bêlant,
Et mon chien l'appelle
Le soir en pleurant.
Ah! qui me rendra
Thérèse ma belle?
Ah! qui me dira
Lorsque reviendra?

PÉLISSON, bas à Louise.

Il s'éloigne.

LE PATRE.

A la sainte Vierge,
Encor l'autre jour,
J'offris un beau cierge
Pour son prompt retour...

(*La voix s'éteint dans l'éloignement.*)

LOUISE.

Nous, achevons notre œuvre...

PÉLISSON, finissant d'attacher une échelle.

Tout est prêt... Au moyen de ces cordes que je viens de tendre, une fois descendu au fond de ce fossé, il pourra remonter et gagner les glacis... Une chaise de poste nous attend à l'entrée du bois qui borde la route... Une heure encore, et notre ami aura passé la frontière; il sera hors de danger.

LOUISE.

Oui, je suis folle de m'inquiéter ainsi, et pourtant...

PÉLISSON.

Ah! le voilà qui descend de nouveau...

(Fouquet reparaît en effet et descend.)

LOUISE.

A genoux, mon ami, et prions pour lui! (Ils s'agenouillent tous les deux. Fouquet continue de descendre. Au moment où il est arrivé au milieu de l'échelle, une porte de la citadelle s'ouvre, une ronde paraît. Fouquet reste immobile.) Ah! perdu!...

PÉLISSON, lui mettant la main sur la bouche.

Silence!

LOUISE, bas.

Ils viennent... la clarté de la lune va le faire découvrir...

PÉLISSON, bas.

Ils s'avancent de ce côté... éloignons-nous...

LOUISE.

Je... je ne puis... soutenez-moi, Pélisson...

(Pélisson l'aide à se soulever. — Les soldats s'approchent de leur côté. — Ils s'éloignent doucement. — Au même instant des nuages viennent cacher la lune.)

PÉLISSON, bas.

Ah! la lune se voile!...

LOUISE, bas.

Merci, Seigneur, merci!..

(Elle disparaît avec Pélisson, les soldats sortent à leur tour.)

SCÈNE II.

FOUQUET, seul.

Je n'entends plus rien... l'obscurité me favorise... allons... (Il descend en silence et avec précaution, arrivé au dernier échelon, c'est-à-dire à peu-près au niveau du parapet, il s'arrête et cherche avec le pied.) Plus rien! quelques pieds seulement me séparent du sol, m'a dit cet homme... élançons-nous... (Il fait un mouvement comme pour sauter, un coup de vent fait sauter son chapeau.) C'est étrange... je n'ai pas entendu le bruit de ce chapeau frappant la terre... la distance est-elle plus grande que je ne le pensais?... comment m'assurer?... ah! cette montre qu'ils m'ont laissée... (Il laisse tombre sa montre et ce n'est qu'au bout de quelques secondes que l'on entend le bruit de sa chute.) Mon Dieu! Mais c'est un abîme que j'ai là, béant au dessous de moi... c'est un piége... un piége infâme que cet homme me tendait!... et mes forces, épuisées par cette longue captivité, me permettront-elles de regagner mon cachot!... (Il fait des efforts pour remonter.) Ah! je me sens brisé... il le faut cependant... puisque... Louise... pense à moi... puisqu'elle m'aime toujous... (Il remonte lentement.) Je veux vivre!...

(La ronde revient. — Au moment où elle traverse la scène, la lune reparaît. — Le théâtre change.)

CINQUIÈME TABLEAU.

Même décoration qu'au troisième tableau.

SCÈNE PREMIÈRE.

FOUQUET, entrant par la fenêtre, pâle et agité.

Enfin, j'ai pu arriver jusqu'ici!... mais, que d'efforts il m'a fallu faire!... (Il tombe accablé). J'ai senti vingt fois que mes forces trahissaient mon courage, et, sans toi, Louise, sans ton souvenir, c'en était fait!... je roulais, presque sous tes yeux, au fond de cet abîme... Mais qui donc me tendait ce piége horrible?... Le gouverneur?... Non, ce n'est pas ma mort, ce sont mes tortures qu'il lui faut pour assouvir sa haine... Du bruit!... ce n'est pas l'heure accoutumée; qui peut donc venir maintenant?

(Il se cache près du lit. — La porte s'ouvre doucement et Simon paraît.)

SCÈNE II.

FOUQUET, SIMON.

SIMON, entrant avec précaution.

L'heure est passée....

FOUQUET, à part.

Simon !

SIMON.

Voyons, si mon idée a réussi....

FOUQUET, à part.

C'était lui!...

SIMON, allant à la fenêtre, et agitant l'échelle.

Plus personne au bout de l'échelle. Le saut est fait.... bon voyage, monsieur Fouquet !...

FOUQUET, lui touchant l'épaule.

Merci, monsieur Simon.

SIMON, se retournant effrayé.

Lui!... est-ce un spectre?

FOUQUET.

Peut-être, puisque vous êtes mon assassin.

SIMON.

Eh bien ! je vais m'en assurer grâce à ce poignard....
(Il tire un poignard et va pour se jeter sur Fouquet.)

FOUQUET.

Misérable !...

(Il ramasse un des barreaux.)

SIMON.

A vous, monsieur Fouquet !

FOUQUET.

A toi, infâme !...
(Il lui porte un coup terrible sur la tête avec le barreau.)

SIMON.

Ah !
(Il va tomber dans l'embrasure de la fenêtre, le corps à moitié en dehors.)

FOUQUET, allant à lui.

Mort!... Ah! ces clefs... c'est le salut!.; cet abîme est profond... peut-être, prendra-t-on pour le mien le cadavre de cet homme, et n'aura-t-on pas la pensée de me poursuivre... ces vêtements d'abord... (En disant ces mots, il a jeté par la fenêtre, le corps de Simon). Fuyons, maintenant... (Il va pour sortir. Saint-Mars paraît à la porte de l'autre cachot). On vient.... Il n'est plus temps !

SCÈNE III.

FOUQUET, SAINT-MARS, GARDES.

SAINT-MARS, aux soldats qui le suivent.

Restez ici, et attendez mes ordres....
(Il entre dans le cachot de Fouquet dont il ferme la porte.)

FOUQUET.

Monsieur de Saint-Mars !...

SAINT-MARS.

Cette porte ouverte... ces habits... ces barreaux enlevés... une échelle... du sang... ces cris que je viens d'entendre!... Monsieur, après une tentative de fuite, vous venez de tuer un homme.

FOUQUET.

Oui, Jacques Simon, qui a tenté de m'assassiner.

SAINT-MARS.

Ah! votre évasion était habilement calculée !... vous vouliez passer pour Jacques Simon... Eh bien ! le cadavre de Jacques Simon, meurtri, défiguré, couvert de vos habits, passera désormais pour le vôtre.

FOUQUET.

Que voulez-vous dire ?

SAINT-MARS.

De ce jour, vous n'êtes plus le prisonnier du roi; vous êtes le prisonnier de monsieur de Saint-Mars! (Sortant du cachot dont il ferme la porte, et, s'adressant aux soldats restés à la porte de l'autre cachot.) Messieurs, le corps d'un homme gît au bas des rochers de Pignerol, c'est le corps de monsieur le surintendant; monsieur Fouquet est mort !

FOUQUET.

Ah!...

(Il tombe anéanti.)

ACTE III.

SIXIÈME TABLEAU.

Le cimetière de la prison de Pignerol.

SCÈNE PREMIÈRE.

PÉLISSON, puis BONAVENTURE.

PÉLISSON, seul, incliné devant une tombe, à gauche.

Lui, si noble, si brillant autrefois, il est mort! et de tout cet éclat, de toute cette grandeur passée, il ne reste que cette tombe! une tombe sur la terre d'exil... dans le cimetière d'une prison! ainsi, la mort n'a pu l'affranchir... et sa captivité devait se prolonger au delà de sa vie!
(Il reste pensif et abîmé dans sa douleur.)

BONAVENTURE, entrant d'un air sombre et à part.

Forcé de me taire... de renfermer ce satané secret, sous peine d'être pendu!... Ah! que j'aurais donc mieux fait de rester au village.

PÉLISSON.

Quelqu'un !...

BONAVENTURE, à part.

Tiens! quel est donc cet étranger?

PÉLISSON, à part.

Un employé de la prison, sans doute... si, par lui, je pouvais apprendre...

BONAVENTURE, à part.

Comme il me reluque!

PÉLISSON.

Dites-moi, l'ami?...

BONAVENTURE.

Monsieur?... (A part.) Qu'est-ce qu'il peut me vouloir?

PÉLISSON.

Vous êtes du château de Pignerol ?

BONAVENTURE.

Oui, monsieur, je suis geôlier.

PÉLISSON.

Geôlier !

BONAVENTURE, à part.

Pour mon malheur! (Haut.) Geôlier et barbier. C'est moi qui rase la prison. (A part.) Que ne puis-je la raser de fond en comble !

PÉLISSON.

Alors, vous avez connu celui que je pleure...

BONAVENTURE.

Celui... que vous pleurez?

PÉLISSON.

Le malheureux Fouquet.

BONAVENTURE, très-troublé.

Fouquet!... Monsieur Fouquet! (A part.) Ah! saperlotte!... Je frissonne!

PÉLISSON.

Vous devez savoir comment il a péri?...

BONAVENTURE.

Comment il a... (A part.) Ah! je frissonne de plus en plus!... (Haut.) Oui... non... c'est-à-dire... je... (Vivement.) Je suis pressé...

PÉLISSON.

Un instant! de grâce, donnez-moi quelques détails... Apprenez-moi de quelle manière ce funeste événement est arrivé.

BONAVENTURE.

De... de quelle manière?... Pardon, c'est que... on m'attend pour une barbe...

PÉLISSON, le retenant.

On m'a dit qu'il avait été trouvé sanglant, mutilé, dans les fossés de la forteresse.

BONAVENTURE.

Dans la forteresse des fossés... c'est cela.

PÉLISSON.

Que c'est en essayant de s'évader, de fuir...

BONAVENTURE.

De fuir... oui... oui. (A part.) Et je voudrais bien en faire autant!... (Haut.) En essayant de fuir avec son échelle... une échelle que... qui... enfin quoi!... une échelle...

PÉLISSON, impatient.

Je sais... je sais...

BONAVENTURE.

Ah! si vous savez, alors... (Il va pour s'éloigner.)

PÉLISSON, le retenant encore.

Mais non! restez! continuez!

BONAVENTURE, à part.

Continuez!... continuez!... C'est bientôt dit, mais...

PÉLISSON.

Eh bien?

BONAVENTURE.

Eh bien... voilà!... (A part.) O grand saint Ignace, patron des perruquiers, inspire-moi! (Haut.) (Reprenant). Voilà!... Il avait donc posé son échelle... il commençait à... à... s'esquiver... mais dame!... vous comprenez... la hauteur... la frayeur... il a perdu la tête, il est remonté...

PÉLISSON.

Remonté?

BONAVENTURE.

Non! Je veux dire, descendu... trop vite, et... (A part.) Je barbotte, je patauge, je ne sais plus où j'en suis... (Haut.) Enfin...

PÉLISSON.

Enfin?... achevez!...

BONAVENTURE.

Enfin, je... je... je ne veux pas vous dire autre chose.

PÉLISSON.

Mais il y a donc autre chose?

BONAVENTURE.

Non... rien! il n'y a rien!... Laissez-moi m'en aller...

PÉLISSON, le saisissant par le bras.

Oh! tu parleras!... Cet embarras, ce trouble cachent quelque mystère... A tout prix je veux l'éclaircir... et si la prière ne suffit pas... Eh bien, au besoin, j'emploirai la violence.

BONAVENTURE, effrayé.

La violence!...

PÉLISSON.

Oui, si tu ne t'expliques à l'instant, si tu ne m'apprends toute la vérité, je te tue.

BONAVENTURE.

Me tuer! (Tombant à genoux.) Mais je serai pendu si je vous dis qu'il n'est pas mort!

PÉLISSON, au comble de la surprise.

Pas mort!...

BONAVENTURE, à lui-même.

Ah! grand Dieu!... je l'ai lâché!

PÉLISSON.

Lui! Fouquet!... il n'est pas mort?

BONAVENTURE.

Eh bien, non, là!... Eh bien, non!... mais...

PÉLISSON.

Et qu'en a-t-on fait? où est-il?

BONAVENTURE.

Où... où il est?...

PÉLISSON.

Réponds!... mais réponds donc!...

BONAVENTURE.

Dans un cachot... un souterrain... où le gouverneur va seul le visiter.

PÉLISSON.

Mais pourquoi ces rigueurs, ce mensonge?

BONAVENTURE.

Il prétend que c'est l'ordre du roi.

PÉLISSON.

L'ordre du roi!

BONAVENTURE.

Mais silence!... par grâce, par pitié ne me perdez pas! C'est un secret que monsieur de Saint-Mars n'a confié qu'à moi... et s'il savait que j'ai parlé...

PÉLISSON.

Soit! je me tairai... devant lui du moins!

BONAVENTURE.

Dieu! je l'aperçois... le voilà!

PÉLISSON.

Lui!...

SCÈNE II.

LES MÊMES, SAINT-MARS.

SAINT-MARS.

Jérôme! que fais-tu là?

BONAVENTURE.

Moi!... je... je passais... j'allais...

SAINT-MARS, voyant Pélisson.

Et cet homme?... quel est-il?... qui l'amène ici?

BONAVENTURE.

Mais... je ne sais... connais pas...

PÉLISSON.

Ce qui m'amène, monsieur?... une nouvelle qui m'a causé autant de surprise que de douleur.

SAINT-MARS.

Une nouvelle?

PÉLISSON.

Celle de la mort de mon bienfaiteur, de mon ami...

SAINT-MARS, le regardant.

En effet, je vous reconnais, vous êtes monsieur Pélisson... le défenseur le plus zélé de l'ancien surintendant... Je vous croyais enveloppé dans sa disgrâce et prisonnier comme lui.

PÉLISSON.

Je suis, il est vrai, resté trois ans à la Bastille... mais Sa Majesté vient enfin de m'en ouvrir les portes.

SAINT-MARS.

Et, demeuré fidèle au souvenir de monsieur Fouquet, vous venez?...

PÉLISSON.

Je viens... j'étais venu pleurer sur sa tombe... Après l'avoir privé, tant qu'il a vécu, des consolations de l'amitié, prétendriez-vous, (Avec intention.) maintenant qu'il n'est plus, lui enlever jusqu'à mes larmes?

SAINT-MARS.

Nullement, monsieur. Loin de mettre obstacle à l'accomplissement de ce pieux devoir, je vais, au contraire, vous laisser le champ libre.

PÉLISSON.

Comment?... que voulez-vous dire?

SAINT-MARS.

Aujourd'hui même je pars.

BONAVENTURE.

Ah! bah!...

PÉLISSON.

Vous partez, monsieur?...

SAINT-MARS.

Oui, le roi me retire le gouvernement de Pignerol.

BONAVENTURE, à part, avec joie.

Enfin, je vais donc sortir d'esclavage!...

SAINT-MARS.

Il me confie un autre poste...

PÉLISSON.

Un autre poste?...

SAINT-MARS.

Je suis nommé gouverneur du château de Vincennes.

BONAVENTURE, à part.

Hein?... encore une prison!... (A Saint-Mars.) Ah! ça, et moi, monsieur?

SAINT-MARS.

Toi?... Tu me suivras.

BONAVENTURE, à part, avec désespoir.

Transvasé!... voilà tout!...

SAINT-MARS.

Viens, j'ai des ordres à te donner pour le départ.

PÉLISSON, à part, réfléchissant.

Son départ!...

BONAVENTURE, à part.

Il est écrit là-haut que je n'en sortirai pas.

SAINT-MARS, à Pélisson.

Ainsi, vous le voyez, monsieur, votre douleur pourra désormais s'épancher librement. Pleurez donc, pleurez sur la tombe de votre ami; car, on vous a dit vrai, monsieur, il est mort!... il est bien mort!...

(Il sort suivi de Bonaventure.)

SCÈNE III.

PÉLISSON, puis ATHÉNAIS.

PÉLISSON, seul.

Oui, je vous comprends, marquis de Saint-Mars!... mort pour nous, pour tout le monde. Enfin, il existe!... il respire!... et je dois remercier le ciel de nous l'avoir conservé. Le départ de son plus cruel ennemi apportera peut-être quelque adoucissement à son sort... Peut-être, aidé de mademoiselle de Moresant, parviendrai-je à le sauver. C'est ici que j'ai promis de l'attendre... ici que chaque jour... elle se rend en secret pour prier... Ah! quelle sera sa surprise, sa joie, en apprenant ce que j'ai à lui dire!... (Voyant entrer Athénaïs.) Une femme!... (La reconnaissant.) Elle!... elle!... dont l'amour a causé tant de maux à Fouquet... lui a valu tant de persécutions... Ah! éloignons-nous!... Je dois éviter sa présence. (Il sort par le fond, tandis que Athénaïs, entrée par la droite, s'approche lentement.)

SCÈNE IV.

ATHÉNAIS, puis LOUISE.

ATHÉNAIS, seule.

La terre fraîchement remuée... Une pierre sans inscription... Oui, ce doit être là... (Faisant quelques pas vers la tombe.) Depuis que j'ai appris qu'il est mort, toute pensée de haine, tout ressentiment d'orgueil offensé, s'est éteint dans mon âme. J'ai oublié son abandon, ses refus, son outrage, pour ne me ressouvenir que de son amour. J'ai quitté la cour; je suis partie... En arrivant, je me suis fait indiquer par un enfant du village l'endroit où il repose... et je viens, en pleurant, m'agenouiller près de lui!... O pauvre Fouquet!... ombre chère!... Pardonne-moi mes sentiments de colère et de vengeance!... Accepte, comme une expiation, les larmes que je te donne... ces larmes dont je voudrais racheter ta vie!...

(Elle pleure sur le devant de la scène. — Louise entre par le fond et vient, sans la voir, s'agenouiller sur la tombe.)

LOUISE.

Mon Dieu, puisque votre volonté inflexible n'a pas eu pitié de ses jours, mon Dieu, prenez pitié de son âme!...

ATHÉNAÏS.

Je veux qu'il me pardonne!... Je veux prier sur sa tombe!...

(Elle se dirige lentement vers la tombe et s'agenouille près de Louise sans la voir.)

LOUISE.

Seigneur, je vous prie pour lui!...

ATHÉNAÏS.

Seigneur, prenez pitié de lui!... (En disant ces mots chacune d'elles place un bouquet sur la tombe; leurs mains se rencontrent. Elles relèvent la tête et se regardent.) Vous ici, mademoiselle?

LOUISE.

Vous, près de cette tombe?...

ATHÉNAÏS.

Vous *le* connaissiez donc?...

LOUISE.

Moi, madame!... Mais j'étais son amie d'enfance!... J'étais sa fiancée!...

ATHÉNAÏS.

Sa fiancée!...

LOUISE.

Sa femme devant Dieu!.. car il avait reçu mes serments... et plutôt que d'y manquer, plutôt que d'appartenir à un autre, j'avais tout bravé, les rigueurs du cloître, le courroux et la malédiction de mon père... J'aurais bravé la mort!... Vous demandez si je l'ai connu!... Mais je n'avais qu'une pensée: son amour!... C'était tout mon bonheur!... C'était toute ma vie!

ATHÉNAÏS, avec intérêt.

Pauvre femme!...

LOUISE.

Mais... mais vous, madame?...

ATHÉNAÏS.

Moi!... je l'aimais aussi.

LOUISE.

Vous l'aimiez?...

ATHÉNAÏS.

Sans espoir de retour, puisque son cœur vous appartenait tout entier...

LOUISE, à part, avec joie.

Ah! il ne l'aimait pas, lui!...

ATHÉNAÏS.

Oh! j'ai bien souffert!... car son amour était toute ma vie, comme il était la vôtre. Car, moi aussi, je n'avais qu'un désir, qu'une ambition: être sa femme!...

LOUISE.

Ah! devant une tombe, tout sentiment de jalousie disparaît et s'efface! Son amour avait fait de nous des rivales, sa mort vient de nous faire sœurs.

(Elle lui tend la main.)

ATHÉNAÏS, la prenant.

Oui, sœurs par nos regrets, par nos larmes!...

SCÈNE V.

LES MÊMES, PÉLISSON.

PÉLISSON, qui a entendu les derniers mots.

Ce n'est pas pour le pleurer, c'est pour le sauver qu'il faut vous unir!

ATHÉNAÏS.

Que dit-il!

LOUISE.

Le sauver? vous avez dit; le sauver, n'est-ce pas?

PÉLISSON.

Je l'ai dit.

LOUISE.

Mais il existe donc?

PÉLISSON.

Il existe.

LOUISE.

Il existe! lui mon amour, mon âme, ma vie! entendez-vous, madame? il existe!

ATHÉNAÏS, dans les bras de Louise.

Ah! nous le reverrons!... nous!...

(A ces mots elles se regardent fixément et s'éloignent l'une de l'autre.)

LOUISE.

Est-ce que vous l'aimez encore, madame?

ATHÉNAÏS, à elle-même.

Mais il l'aime... il l'aimera toujours!...

LOUISE.

Vous savez que son cœur est à moi, vous renoncerez à lui, n'est-ce pas?

ATHÉNAÏS.

Y renoncer!... pour vous?...

LOUISE.

Mais je lui ai donné ma vie, madame!

ATHÉNAÏS.

Moi, je lui ai donné mon honneur... et c'est pour vous qu'il m'a dédaignée, pour vous qu'il me dédaignera encore!... Ah! j'étais prête à vous aimer; maintenant, je sens que je vais vous haïr... je sens que je vous hais déjà!... (Elle sort.)

SCÈNE VI.

LOUISE, PÉLISSON.

LOUISE.

Que m'importe sa haine!... C'est à lui, à lui seul que je pense!... il existe, mon Dieu, il existe!...

PÉLISSON.

Oui, mais pour souffrir encore, pour souffrir plus que jamais.

LOUISE.

Grand Dieu!

PÉLISSON.

Livré à la merci de son ennemi, de son bourreau, il va être conduit secrètement à Vincennes.

LOUISE.

A Vincennes?

PÉLISSON.

Et tenez... ce bruit de voiture... C'est lui qu'on emmène... C'est Saint-Mars qui emporte sa proie, pour lui préparer de nouvelles, de plus horribles tortures.

LOUISE.

Eh bien... je le suivrai.

PÉLISSON.

Vous n'entrerez pas dans sa prison.

LOUISE.

J'entrerai.

PÉLISSON.

Mais le gouverneur?

LOUISE.

Le gouverneur m'en ouvrira les portes.

PÉLISSON.

Lui!... inflexible pour tous!

LOUISE.

Il cèdera devant moi... je serai plus forte que lui... il m'aime!...

SEPTIÈME TABLEAU.

Le salon du gouverneur, au donjon de Vincennes. — Porte au fond, porte à gauche. — Une fenêtre à droite. — Dans les panneaux du fond, deux grands tableaux. — Table, fauteuils.

SCÈNE PREMIÈRE.

SAINT-MARS, assis près d'une table à droite, BONAVENTURE, debout près de lui.

SAINT-MARS, après un moment.

As-tu vu le prisonnier, ce matin?

BONAVENTURE.

Je lui ai porté des vivres... du pain et de l'eau, comme d'habitude.

SAINT-MARS.

Qu'a-t-il dit?

BONAVENTURE.

Rien, monsieur le marquis...

SAINT-MARS.

Rien?

BONAVENTURE.

Comme d'habitude.

SAINT-MARS, à lui-même.

Oui, la résignation, un morne abattement ont succédé aux plaintes... aux malédictions... (A Bonaventure.) Et depuis que nous sommes à Vincennes, nul ne soupçonne son existence au Donjon?

BONAVENTURE.

Dame, pour le découvrir où vous l'avez mis, faudrait être sorcier... ou chien de chasse. Amené ici, secrètement, la nuit, dans une voiture fermée... Plongé dans un cachot malsain qui aboutit, d'un côté à la forêt, de l'autre à votre propre appartement...

SAINT-MARS.

Songe que toi seul connais mon secret!...

BONAVENTURE.

Permettez, monsieur le gouverneur, je vous ferai observer que je ne demandais pas à le connaître... Je n'y tenais pas, monsieur le gouverneur.

SAINT-MARS.

Souviens-toi que j'ai droit de vie et de mort sur tous ceux qui m'entourent ici.

BONAVENTURE.

Je m'en souviens, monsieur le gouverneur.

SAINT-MARS.

Souviens-toi surtout que divulguer à qui que ce soit l'existence du prisonnier, le lieu où il respire, ce serait ta condamnation!

BONAVENTURE.

Pardon, monsieur le gouverneur, si vous le changiez de local, sans m'en informer, je ne saurais plus où il est... Ça vous tranquilliserait peut-être, et je ne me blesserais pas de ce manque de confiance.

SAINT-MARS.

Assez!... Quelles nouvelles de mademoiselle de Moresant?

BONAVENTURE.

Elle va bien, monsieur le marquis, elle va très-bien. Depuis un mois que son carrosse s'est brisé à la porte du château de Vincennes, je ne l'ai jamais vue aussi forte...

SAINT-MARS.

En ce cas, il faut qu'elle parte, que je cesse de la voir... Oui, mon devoir l'exige... ce devoir impérieux que je n'ai que trop oublié pour elle!

BONAVENTURE.

Le fait est que tout le monde ne pénètre pas dans ce joli séjour. J'ai la préférence, moi!...

SAINT-MARS, à lui-même.

Elle allait, m'a-t-elle dit, au couvent des Dames de Chelles. Ses chevaux se sont emportés, et elle a failli périr, là, près de moi!... elle, pour qui j'aurais donné ma vie!... Pouvais-je refuser de la recevoir? Ne lui devais-je pas les soins les plus empressés? Que m'importait le devoir? Elle était là, pâle, évanouie, mourante peut-être... Et mon amour s'était réveillé plus brûlant que jamais!... Et maintenant encore, c'est avec désespoir que je me souviens qu'il faut me séparer d'elle...

UN SERGENT, entrant.

Mademoiselle de Moresant demande si M. le gouverneur veut la recevoir.

SAINT-MARS.

Si je le veux?... Dites que je suis aux ordres de mademoiselle de Moresant. (Le sergent sort.) C'est elle qui désire me parler!... Que peut-elle me vouloir?

BONAVENTURE, à part.

Pardine! ce que je voudrais à sa place... Elle demande à s'en aller. (Louise paraît au fond.)

SAINT-MARS.

La voilà!... Laisse-nous.

BONAVENTURE.

Oui, monsieur le gouverneur. (Il sort.)

SCÈNE II.

LOUISE, SAINT-MARS.

SAINT-MARS.

C'est vous, mademoiselle, qui consentez à me voir!... qui daignez venir chez moi!

LOUISE.

N'êtes-vous pas mon hôte? Ma reconnaissance ne vous est-elle pas acquise? Et ne dois-je pas vous adresser tous mes remercîments?

SAINT-MARS.

Hélas! mademoiselle, ce sont vos adieux qu'il me faut recevoir.

LOUISE, avec effroi.

Mes adieux!... (A part.) Oh! non!... non!... (Haut avec une feinte coquetterie.) Qui vous fait supposer que je veuille partir si vite? Les murailles de Vincennes sont bien sombres; mais elles ne m'effrayent pas...

SAINT-MARS.

Ce n'est pas cela, mademoiselle...

LOUISE, de même.

Le visage de monsieur le gouverneur est quelquefois bien sévère; mais, faut-il vous l'avouer?... Eh bien!... (Souriant.) Il ne me fait pas peur!...

SAINT-MARS, voulant lui prendre la main.

Louise!

LOUISE, avec dignité.

Monsieur de Saint-Mars!...

SAINT-MARS.

Ah! pardon!... pardon, mademoiselle... Excusez cette folle émotion, cet oubli de moi-même... Il y avait dans votre voix, dans votre regard, une expression si touchante et si douce, que toute ma vie s'est effacée de ma mémoire, que toutes mes souffrances, toutes mes haines se sont évanouies... J'ai eu comme un instant de vertige, de délire; j'ai cru que vous me disiez : Espérez!...

LOUISE.

Moi!

SAINT-MARS.

Il faut me pardonner cette erreur; j'ai si peu l'habitude d'être heureux!

LOUISE.

Peut-être avez-vous tort de chercher le bonheur dans des sentiments de colère et de vengeance...

SAINT-MARS.

D'autres les ont imposés à mon cœur. Dieu m'est témoin que, jadis, c'est avec l'âme loyale d'un soldat que j'arrivai à la cour; et, pour faire de moi un homme généreux et bon, il n'eût fallu qu'un peu de bonheur; pour faire de moi un homme tendre et dévoué, il n'eût fallu qu'un peu d'amour.... Mais je ne pouvais pas être aimé... Aimé, moi, l'homme sombre des prisons!... le geôlier de Pignerol et de Vincennes!... (Avec un rire amer.) Ah!... ah!... ce n'est pas de l'amour, c'est de la terreur que j'inspire!... Quelle femme consentirait à s'associer à ma vie?... Quel ange voudrait habiter mon enfer?...

LOUISE.

Pourquoi désespérer ainsi?

SAINT-MARS.

Pourquoi!... parce qu'une seule femme au monde pouvait me donner cette joie... et qu'elle est là, près de moi, pour la dernière fois peut-être...

LOUISE.

Mais... je ne pas pars... je ne veux pas partir.

SAINT-MARS, avec feu.

Que dites-vous! Oh! tenez, je sens ma folie prête à se réveiller... Vous voulez rester ici? Mais nul ne peut y séjourner sans un ordre du roi.

LOUISE.

Et la désobéissance aux volontés de Sa Majesté, c'est pour vous la disgrâce?...

SAINT-MARS.

La perte du gouvernement de ce château.

LOUISE.

Et... vous y tenez beaucoup?

SAINT-MARS, avec amertume.

Oh! oui... plus qu'au bonheur, plus qu'à la vie!

LOUISE.

Eh bien! moi, monsieur de Saint-Mars, c'est avec la même énergie peut-être que je désire, que je veux rester ici.

SAINT-MARS.

Mais expliquez-vous, de grâce...

LOUISE.

Le motif de ma résolution est bien simple. J'ai tant souffert moi-même, que je songe à tous ceux qui souffrent...

SAINT-MARS.

A tous? même au marquis de Saint-Mars?

LOUISE.

Inutile à la cour, je voudrais apporter ici la consolation, l'espérance, le salut peut-être... C'est une noble et sainte mission... rien ne me coûtera pour l'accomplir...

SAINT-MARS.

Mais, vous ne connaissez ici qu'un seul homme...

LOUISE.

Un seul.

SAINT-MARS, avec joie.

Et vous voulez le sauver du désespoir?

LOUISE.

Je le veux!

SAINT-MARS.

Et vous voulez relever son âme brisée, flétrie, abreuvée de douleurs?

LOUISE.

Je le veux!

SAINT-MARS.

Et vous voulez lui donner ces trésors de vertus, de beauté que Dieu a mis en vous?

LOUISE.

Je le veux!

SAINT-MARS.

O ciel! l'ai-je bien entendue! l'ai-je bien comprise! et moi, moi, qui allais donner des ordres pour votre départ!

LOUISE.

Non... non... je reste.

SAINT-MARS.

Et si quelqu'un, envoyé par le roi, vient visiter ce donjon?

LOUISE.

Vous direz quelle mission m'y a conduite.

SAINT-MARS.

Si le roi me rappelle qu'aucune femme n'a le droit de demeurer ici?

LOUISE.

Eh bien! vous répondrez qu'il en est une à qui appartient ce droit... et que cette femme... c'est la vôtre.

SAINT-MARS, tombant à ses pieds.

Oh! Louise! Louise!... Laissez-moi vous adorer à genoux! Demandez-moi ma vie, si vous voulez, car c'est en ce moment que je sais le mieux tout le dévouement que peut inspirer l'amour!

LOUISE, avec exaltation.

Et moi aussi, monsieur de Saint-Mars, c'est en ce moment que je comprends le mieux quels sacrifices sans bornes il peut faire accomplir!

SAINT-MARS, appelant.

Venez!... venez tous!

LOUISE.

Que faites-vous?

SAINT-MARS.

Oh! je ne perdrai pas un jour, une heure de ce bonheur immense qui m'est promis! qu'elle commence à l'instant, cette ère nouvelle qui me transforme! Que la chapelle se pare de fleurs, que le prêtre nous bénisse... et que Dieu lise dans mon cœur... C'est un homme régénéré qui va s'agenouiller devant l'autel!

SCÈNE III.

LES MÊMES, BONAVENTURE, OFFICIERS ET SERVITEURS DU DONJON.

BONAVENTURE, entrant.

Nous voilà, monsieur le marquis...

LOUISE, à Saint-Mars.

Permettez-moi de me rendre à la chapelle. J'ai besoin de me recueillir... J'ai besoin de prier.

SAINT-MARS.

Que la garnison se mette sur pied. — Que l'on prévienne l'aumônier de se préparer à bénir un mariage.

BONAVENTURE, à part.

Un mariage!... ah! bah!... est-ce qu'il veut me marier à présent?

SAINT-MARS.

Allez! allez, hâtez-vous! (A Louise.) Et vous, Louise, à bientôt!

LOUISE, après s'être inclinée sans répondre et à part.

Allons demander au ciel la force et le courage!

(Elle suit un Valet qui lui ouvre la porte de gauche. — Les autres sortent par le fond.)

SCÈNE IV.

SAINT-MARS, BONAVENTURE.

SAINT-MARS.

Son époux, à elle! Louise de Moresant!

BONAVENTURE, à part.

Louise de Moresant!... ça n'est pas pour moi...

SAINT-MARS.

Je vais être son époux!

BONAVENTURE, à part.

C'est pour lui!... ah! la malheureuse! non, le malheureux!...

SAINT-MARS.

Comme je respire librement! l'air me semble plus pur, le monde meilleur, et je voudrais n'avoir plus ni haine ni ennemis... je voudrais... Oh! s'il pouvait cesser d'être inflexible!... Je veux le voir!... oui!... oui!...

(Il se rapproche du tableau placé à droite, met le doigt sur un ressort caché près du cadre : aussitôt le panneau du fond à droite s'ouvre, et découvre une issue secrète pratiquée dans l'épaisseur du mur.)

BONAVENTURE, à part, pendant ce jeu de scène.

Tiens! il va rendre visite à son prisonnier!

SAINT-MARS.

Descends dans le cachot... et amène-moi monsieur Fouquet.

BONAVENTURE.

Bien, monsieur le marquis! (A part.) Est-ce qu'il a l'intention d'en faire son témoin?

SAINT-MARS.

Va... et pas un mot!...

BONAVENTURE.

Je suis muet, monsieur le marquis...

(Il entre dans l'ouverture, on le voit disparaître.)

SAINT-MARS, seul.

Sa longue captivité aura vaincu sa résistance, peut-être... La souffrance qui a brisé son corps a dû briser son courage.

BONAVENTURE, en dehors.

Venez, venez... suivez-moi!..

SAINT-MARS, à lui-même.

C'est lui!...

BONAVENTURE, reparaissant et à Saint-Mars.

Voici le prisonnier.

SAINT-MARS.

C'est bien!... Veille en dehors à ce qu'on ne nous surprenne pas.

BONAVENTURE, à part.

Si j'y comprends un mot, je veux bien que le diable... me rase!...

(Il sort par le fond. — Saint-Mars va pousser le verrou. — On voit paraître Fouquet à l'entrée de l'issue secrète. — Il est pâle, affaibli; ses traits offrent la trace de profondes souffrances. — Ses vêtements sont sordides et déchirés.)

SCÈNE V.

SAINT-MARS, FOUQUET.

SAINT-MARS, le regardant, à part.

Mon Dieu!... quelle pâleur! quels horribles ravages!

FOUQUET, dans une sorte d'égarement.

Le jour!... la lumière! Que me veut-on?... où m'a-t-on conduit?... Mes yeux, privés depuis longtemps de la clarté du ciel, peuvent à peine distinguer... Où suis-je? (S'approchant lentement de Saint-Mars.) Qui êtes-vous?...

(Le regardant en face.)

SAINT-MARS.

Vous ne me reconnaissez-pas?

FOUQUET.

Ah! que mes yeux s'éteignent tout à fait dans les larmes, mon cœur qui se révoltera à votre approche, me dira toujours: C'est ton bourreau!...

SAINT-MARS.

Ce n'est pas pour vous infliger de nouvelles souffrances que je vous ai fait conduire chez moi...

FOUQUET.

Oui! vous avez craint sans doute que l'air ne manquât à ma vie... que votre proie ne vînt à vous échapper! Mais c'est en vain que vous espérez prolonger mon supplice!... Voyez... la force, l'existence m'abandonnent... je puis à peine me soutenir... Encore quelques jours... quelques heures peut-être... et mes tourments finiront... et votre victime n'appartiendra plus qu'à Dieu!

(Il tombe épuisé sur un fauteuil.)

SAINT-MARS.

Le malheureux!... (S'approchant de lui.) Monsieur!... monsieur!... remettez-vous... écoutez-moi.

FOUQUET, revenant à lui.

Que je vous écoute!... Quelles cruelles paroles avez-vous à me faire entendre?

SAINT-MARS.

Je ne vous apporte, aujourd'hui, que des paroles de paix et de conciliation.

FOUQUET, souriant avec amertume.

Vous?...

SAINT-MARS.

C'est votre salut que je viens vous proposer.

FOUQUET.

Mon salut?...

SAINT-MARS.

Je vous jure du fond de mon âme, sur les pieux souvenirs de mon enfance, sur la mémoire de ma mère, je vous jure que si vous êtes las de souffrir, je suis las de vous persécuter. Ce rôle de tourmenteur me répugne et me pèse. Il révolte mon cœur... J'ai honte de frapper un ennemi désarmé!... et c'est moi, monsieur, qui viens vous demander grâce... oui, grâce, entendez-vous? C'est le geôlier qui implore son prisonnier! c'est le bourreau qui supplie sa victime!...

FOUQUET.

Ce langage est bien nouveau pour moi, monsieur... et si vous voulez que je vous croie, dites-moi donc d'où vient ce changement... cette miséricorde tardive?...

SAINT-MARS.

Ah! c'est que, jusqu'à ce jour, mon cœur, abreuvé par vous d'amertume et de honte, n'avait pour se retremper ni l'amitié, ni l'amour, ni l'espoir; et il n'y a qu'un instant, monsieur, que tous ces biens sont venus me sourire : j'aime, je suis aimé!... Et j'ai voulu vous voir, pour vous dire : Le ciel a eu pitié de moi; laissez-moi être généreux... Je suis heureux, monsieur; laissez-moi être bon !

FOUQUET.

Ah! vous êtes heureux? vous êtes aimé? Vous comprendrez alors toutes les larmes que vous m'avez fait répandre...

(Il se lève.)

SAINT-MARS.

Mais je veux les tarir!... Dites un mot, consentez à rendre l'honneur à ma sœur, et je brave les ordres du roi, et j'assure votre fuite... et ma fortune sera la vôtre!... Vous ne répondez pas?... vous détournez la tête!... Mais c'est donc une bien grande honte d'entrer dans ma famille, que vous préfériez à cette union la prison, la mort même?

FOUQUET.

Non, monsieur... Je vous ai dit que vous alliez comprendre toute l'amertume de mes larmes; vous comprendrez aussi le motif de mes refus... Vous aimez depuis longtemps, j'aime depuis longtemps aussi!... Celle qui vous est chère consent aujourd'hui seulement à partager votre amour; celle à qui j'ai donné ma vie a tout bravé, tout sacrifié pour n'être qu'à moi... Interrogez votre cœur, monsieur, et dites-moi ce qu'il répondrait si l'on venait vous dire, en ce moment : Pour assurer ton repos, ton bonheur, il faut renoncer à elle!

SAINT-MARS.

Y renoncer!... jamais! jamais!...

FOUQUET, avec force.

Jamais!... c'est aussi le cri de mon âme!... Jamais!... jamais!...

SAINT-MARS.

Mais cette femme ne peut vous appartenir, puisque vous êtes mon prisonnier, puisque rien au monde, excepté votre consentement au mariage que je vous propose, ne saurait vous rendre la liberté!

FOUQUET.

Tant qu'il me restera un souffle d'existence, tant qu'il restera un battement à mon cœur, ce battement, ce souffle appartiendront à celle que j'aime... A elle, monsieur, ou à personne!

SAINT-MARS.

C'est votre dernier mot?...

FOUQUET.

Oui.

SAINT-MARS.

Vous persistez à repousser ma prière?...

FOUQUET.

Je persiste.

SAINT-MARS.

C'est vous qui êtes inexorable, monsieur! C'est vous qui prononcez votre condamnation!

BONAVENTURE, entrant.

L'aumônier attend monsieur le gouverneur pour la cérémonie.

SAINT-MARS, à part.

Son mari!... Dans un instant elle va m'appartenir!... Oh! que je suis heureux! Mais lui?... (A Fouquet.) Pour la dernière fois, monsieur...

FOUQUET.

Pour la dernière fois, ne me demandez pas d'être parjure!...

SAINT-MARS.

J'ai fait ce que me commandait ma conscience. Dieu nous voit et nous juge, monsieur! (A Bonaventure.) Reconduisez le prisonnier. (Il sort.)

SCÈNE VI.

FOUQUET, BONAVENTURE.

FOUQUET.

Allons, que ce noir cachot, que ces murailles humides, que ce séjour de désespoir et de larmes se rouvrent pour moi... Leur aspect n'abattra pas mon courage, il ne me forcera pas de me parjurer!...

BONAVENTURE, à part.

Pauvre homme!... il ne se doute guère du mariage qui se consomme en ce moment.

FOUQUET.

Je suis prêt...

BONAVENTURE.

Oh! ne vous pressez pas! Le gouverneur est trop occupé pour le moment... il n'y a pas de danger qu'il revienne de sitôt...

FOUQUET.

Eh bien... puisqu'il vous est permis aujourd'hui d'être un peu moins rigoureux à mon égard, je voudrais vous demander un service...

BONAVENTURE.

Un service!... impossible!... je les connais les services que sollicitent les prisonniers : la liberté, rien que ça! je l'ai échappé très-belle une fois déjà... mais cette fois-ci, je serais pendu!

FOUQUET.

Mais...

BONAVENTURE.

Pendu, c'est la plus vilaine mort, monsieur!... et on me proposerait même la plus jolie, que je ne l'accepterais pas.

FOUQUET.

Ce n'est pas de ma liberté qu'il s'agit...

BONAVENTURE.

Ah!

FOUQUET.

Je ne veux rien vous demander qui puisse mettre vos jours en danger...

BONAVENTURE.

Alors...

FOUQUET.

Il s'agit seulement de me permettre d'écrire quelques mots, que vous ferez parvenir à mademoiselle Louise de Moresant...

BONAVENTURE.

A elle?...

FOUQUET.

Ne me refusez pas, je vous en conjure...

BONAVENTURE.

Dame! s'il ne s'agit que de ça...

FOUQUET, avec joie.

Vous consentez!... Merci, merci, mon ami... Tenez cette bague est tout ce qu'ils m'ont permis de garder; laissez-moi vous l'offrir...

BONAVENTURE, avec émotion.

Comment, c'est tout ce que vous avez?... (Changeant de ton.) Je l'accepte tout de même.

FOUQUET.

Maintenant, ne perdons pas un instant! (Il se met à écrire.)

BONAVENTURE, à part.

Il ne soupçonne pas que sa lettre n'aura guère de chemin à faire pour arriver à son adresse... Oh! les femmes! aimer celui-ci, se consoler avec l'autre!... Que je reconnais bien là ce sexe... volatile!

FOUQUET.

Louise!... Louise!... Peut-être me croit-elle mort... Oh! mais, j'en suis sûr, elle ne m'a pas oublié!...

SCÈNE VII.

LES MÊMES, LOUISE.

(Louise entre par le fond, encore parée du bouquet et de la couronne de mariée. — Elle est pâle et se soutient à peine.)

LOUISE, à elle-même.

Allons!... tout est fini...

BONAVENTURE, la voyant et bas.

Ah! Dieu!... (Bas à Louise.) Mademois...elle... madame... (Lui montrant Fouquet.) Le voilà... c'est lui!

LOUISE.

Lui! lui!...

(Elle s'approche doucement de Fouquet qui écrit toujours.)

FOUQUET, lisant sa lettre.

« Ce premier instant de liberté, c'est à toi que je le consacre, » Louise! »

LOUISE, à part.

A moi!...

FOUQUET.

« Au moment où je t'écris, mon cœur bat comme si je te » voyais, comme si je te parlais. C'est qu'aucune souffrance n'a » pu vaincre ma tendresse pour toi, c'est que je t'aime, Louise, » comme aux premiers jours de ma jeunesse. »

LOUISE, à part, s'agenouillant auprès de Fouquet qui ne la voit pas.

Mon Dieu! vous avez été sans pitié!

FOUQUET.

« Aujourd'hui, mon bourreau m'a offert la vie, la liberté; » mais il fallait pour jamais renoncer à toi... et j'ai mieux » aimé la captivité éternelle, j'ai mieux aimé la mort! car » pour chacun de nous, Louise, mieux vaut mourir, n'est-ce » pas? que d'appartenir à un autre. »

LOUISE, à part.

Oh!

(Elle arrache son bouquet et sa couronne qu'elle jette loin d'elle.)

FOUQUET.

« Hélas! quand me sera-t-il permis de te revoir?... »

LOUISE.

Mais je suis là! je suis là!

FOUQUET, se retournant et la regardant avec la plus profonde émotion.

Mon Dieu!... mon... (Portant la main à son cou pour indiquer que la voix lui manque, puis faisant un effort.) Toi!... toi!...

(Il la serre dans ses bras.)

BONAVENTURE, ému et à part.

Allons, allons, si monsieur de Saint-Mars était là, il ne serait pas content!

LOUISE, s'arrachant des bras de Fouquet.

Et lui! lui, qui peut venir!...

BONAVENTURE, bas.

Il ne serait pas content, madame!

FOUQUET.

Mais comment es-tu ici, près de moi?

LOUISE.

Comment?... qu'importe? n'ai-je pas juré de tout entreprendre... (regardant Bonaventure) de tout sacrifier pour te sauver?

BONAVENTURE, à part.

C'est un sacrifice!... Ah! que je reconnais bien là ce sexe sublime!...

FOUQUET.

Me sauver! et par quel moyen?

LOUISE.

Oh! je chercherai, je...

BONAVENTURE.

Non, non, ne cherchez pas!

LOUISE.

Comment?

BONAVENTURE.

C'est encore à moi que vous vous adresseriez, et cette fois-ci, c'est fini, je ne peux rien!...

LOUISE et FOUQUET.

Rien?...

BONAVENTURE.

Ni plus... ni moins!...

LOUISE.

Eh quoi! vous seriez sans pitié?

BONAVENTURE.

Écoutez donc, madame, j'en ai eu une fois de la pitié, mais c'était à Pignerol... près de la frontière, et j'avais l'espoir d'échapper à monsieur de Saint-Mars; mais ici, impossible!... je serais un homme mort, et comme je ne possède absolument que ma vie, ma foi, j'y tiens...

FOUQUET.

Louise! le roi est donc toujours inflexible?

LOUISE.

Le roi?... nul ne sait s'il connaît le secret de monsieur de Saint-Mars, ou si monsieur de Saint-Mars le trompe; mais chaque fois que l'on prononce devant lui le nom de Fouquet, son regard devient sombre, son visage pâlit, et il répond d'une voix brève : « Ne me parlez pas de Fouquet, il est mort!... »

FOUQUET.

Oh! si je pouvais le voir, ne fût-ce qu'un instant! Que de fois, au milieu de mon désespoir, au milieu de mes tortures, cette pensée m'est venue! Quelques heures, m'écriai-je, quelques heures seulement de liberté pour m'offrir aux regards du roi, pour le dissuader si on l'abuse, pour exciter sa pitié si c'est par son ordre que je souffre... quelques heures, mon Dieu, que je sois libre quelques heures, et je serais sauvé!

LOUISE.

Eh bien! ce temps, il faut que nous l'obtenions... Il faut que tu sortes d'ici.

BONAVENTURE, bondissant.

Sortir d'ici!...

LOUISE.

Et c'est vous qui nous aiderez...

BONAVENTURE.

Moi!...

FOUQUET, frappé d'une idée.

Écoutez, mon ami, vous pouvez me sauver, sans risquer vos jours, sans vous compromettre.

BONAVENTURE.

Sans me compromettre? il serait possible!... c'est impossible!

FOUQUET.

Secondez mon évasion, et j'ai là un projet que je crois infaillible... je connais bien le roi, et pour accomplir ce que je médite il me suffira de quelques heures, et aujourd'hui, cette nuit même, sur le salut de mon âme, sur sa vie à elle, que j'aime plus que mon salut, je vous jure que je serai de retour.

BONAVENTURE, avec doute.

Vous jurez!... vous jurez!...

LOUISE.

Et moi, je resterai ici pour vous garantir sa parole, je resterai pour servir d'otage à votre maître.

BONAVENTURE.

Alors, si vous manquiez à votre serment?...

LOUISE.

Vous me dénonceriez au gouverneur, moi la libératrice de son prisonnier, moi... (bas) moi, sa femme!...

BONAVENTURE, ébranlé.

Eh bien...

FOUQUET.

Parlez!...

LOUISE.

Vous consentez?...

BONAVENTURE.

Ciel!... le gouverneur!... Rentrez, rentrez vite!

(Il fait jouer le ressort qui ouvre la porte secrète.)

LOUISE.

Mais, dites-nous donc que vous consentez...

BONAVENTURE.

Oui... oui... Rentrez!... rentrez!...

LOUISE.

Ah!...

FOUQUET.

Adieu, adieu! Louise, le ciel bénira ton dévouement!

BONAVENTURE.

Mais allez donc!... (Il referme la porte. Saint-Mars entre.) Il était temps!...

SCÈNE VIII.

LES MÊMES, SAINT-MARS, OFFICIERS et SOLDATS.

TOUS.

Vive le gouverneur!

SAINT-MARS.

Merci à vous, Louise, qui avez changé pour moi cette prison en un séjour de délices; (bas) qui avez fait un paradis de mon enfer!... (Il lui tend la main.) Merci à vous, messieurs, merci de la part que vous prenez à ma joie, à mon bonheur!

(Louise prend une clef que lui remet Bonaventure.)

ACTE IV.

HUITIÈME TABLEAU.

(A Versailles. — Le parc, les eaux. — A droite, une tente avec un trône préparé pour le Roi.)

SCÈNE PREMIÈRE.

ATHÉNAÏS, assise à droite et pensive, DE LYONNE, DE GÈVRES, DE SAINT-AIGNAN, GENTILSHOMMES et DAMES DE LA COUR, causant et se promenant.

SAINT-AIGNAN.

Eh bien! messieurs, voilà donc Versailles achevé!

DE GÈVRES.

Oui, duc, et c'est aujourd'hui que nous célébrons son inauguration.

SAINT-AIGNAN.

Le roi a daigné donner une fête, afin de faire admirer à toute sa cour son nouveau palais.

DE LYONNE.

Oh! il y a longtemps déjà que Sa Majesté rêvait les splendeurs de Versailles.

DE GÈVRES.

En vérité?

DE LYONNE.

Je crois même que la première pensée lui en est venue...

SAINT-AIGNAN.

Où cela donc?

DE LYONNE.

Au château de Vaux, à cette fête, qu'il y a six ans, lui a donnée feu le surintendant Fouquet.

ATHÉNAÏS, tressaillant et à part.

Fouquet!...

SAINT-AIGNAN, bas à de Lyonne.

Chut!

DE LYONNE.

Comment?

SAINT-AIGNAN.

Prenez garde! ne voyez-vous pas mademoiselle de Saint-Mars, dont vous allez rouvrir les blessures?

DE GÈVRES, bas.

Ah! bah! est-ce qu'elle le regretterait encore?

SAINT-AIGNAN, bas.

Toujours, je le crois!

DE LYONNE, bas.

En effet, quel air triste et sombre!... (S'approchant d'Athénaïs.) Eh quoi! mademoiselle, seule ainsi à l'écart?

DE GÈVRES.

Insensible à toutes les merveilles qui nous environnent!

DE LYONNE.

Au bonheur, à la joie qui animent tous les cœurs.

ATHÉNAÏS, à part.

La joie! le bonheur!...

SAINT-AIGNAN.

Qu'avez-vous à rêver ainsi?

ATHÉNAÏS.

Moi?... rien, messieurs... rien, je vous assure... mais, vous le savez, mon humeur est un peu sauvage... le bruit, les plaisirs ont peu de charme à mes yeux.

UN VALET, entrant et s'approchant d'Athénaïs.

Un message qui vient d'arriver pour mademoiselle.

ATHÉNAÏS.

Pour moi? (A elle-même.) qui peut m'écrire?... (Aux gentilshommes.) Vous permettez, messieurs?

DE GÈVRES.

Comment donc! faites! faites!...

(Il remonte en causant à voix basse avec de Lyonne et Saint-Aignan.)

ATHÉNAÏS, qui a ouvert la lettre, avec émotion.

De mon frère! il veut me voir... il me rappelle... lui que, depuis six ans, je n'ai pas revu! lui qui m'avait bannie de sa présence! qui n'a pas voulu répondre à mes prières quand je lui disais : Est-il vrai que Fouquet existe? lui qui, à chacune de mes lettres, n'a jamais répondu que par ces mots : Celui qui vous a déshonorée est mort pour vous, mort pour tous! Que s'est-il donc passé?... qu'a-t-il à m'apprendre?... je ne sais, mais mon cœur est plein d'espérance... oh! oui, certes, j'irai... dès ce soir... (Se tournant vers les gentilshommes et avec gaîté.) Pardon, messieurs, que me disiez-vous?... ah! vous parliez de Versailles... vous me faisiez remarquer ses magnificences... En effet, ce palais, ces eaux, ces jardins, tout cela est d'un effet merveilleux.

DE GÈVRES.

Eh bien! à la bonne heure!... (Bas.) Quel changement!

ATHÉNAÏS.

Oui, Louis XIV ne se contente pas d'être un grand roi, il est aussi un grand enchanteur.

TOUS.

C'est vrai! c'est vrai!

SCÈNE II.

LES MÊMES, LE ROI.

LE ROI qui a entendu.

Vous trouvez, messieurs?

TOUS, se découvrant.

Le roi!

LE ROI, très-gracieux.

Voici des louanges dont la moitié au moins revient à messieurs Mansard et Le Nôtre... car c'est Mansard qui a construit le palais et c'est Le Nôtre qui a dessiné les jardins.

DE LYONNE.

Mais, c'est vous, sire, qui avez tout conçu, tout ordonné.

LE ROI.

Oui, j'ai voulu laisser à la postérité un monument digne d'elle et de moi... un monument qui attestât la splendeur de mon règne, qui se personnifiât en moi, comme d'autres monuments, d'autres palais se sont personnifiés dans les rois mes prédécesseurs. Fontainebleau, c'est François Ier; — Saint-Germain, c'est Henri IV, — Versailles, messieurs, Versailles, ce sera Louis XIV.

DE GÈVRES.

Et c'est le plus beau château de France, comme votre règne, sire, en est le plus glorieux.

LE ROI.

Mais la fête va commencer : Plaçons-nous, messieurs!

(Le Roi va s'asseoir à droite au milieu des dames et des courtisans. Les danses commencent.)

BALLET MYTHOLOGIQUE.

Les danses terminées, le Roi et tout le monde se lèvent.

LE ROI.

Allons, maintenant, messieurs, que chacun fasse à sa guise! vous êtes libres d'aller visiter les jardins et les appartements.

SAINT-AIGNAN, bas aux autres.

Le roi veut être seul; retirons-nous. (Haut en s'inclinant.) Sire...

LE ROI.

Au revoir, messieurs, au revoir!...

(Tout le monde salue le Roi, et la foule s'éloigne, se disperse, de différents côtés.

SCÈNE III.

LE ROI, seul.

Voilà donc mon rêve accompli! je touche à l'apogée de la gloire et de la puissance! Mon siècle est celui des lettres et des arts, celui des grands ministres et des grands capitaines. Leurs noms illustres rayonnent autour de moi comme les planètes autour du soleil. Bossuet, Colbert, Condé, Catinat, Racine, Molière, c'est à dire : l'éloquence, la science, la bravoure, le génie! Quels hommes et quelles choses! Mes vaisseaux sillonnant les mers; de vaillantes armées étendant mes conquêtes; la Hollande tenue en échec; l'Espagne, riche succession promise à ma couronne; de toutes parts on m'offre des traités, on brigue et recherche mon alliance; redouté de mes voisins, béni de mes sujets, mon sceptre s'étend sur le monde. A ma voix, tout tremble, à ma voix tout progresse et fleurit. Mes parlements soumis s'inclinent et reçoivent mes lois; les écoles se fondent, les poëtes me chantent, et — Versailles s'élève!... Versailles, majestueux domaine, édifice sans rival où je veux placer le siége de mon empire et qui doit redire mon nom aux âges futurs!... Versailles, ce temple dont je suis en même temps le fondateur et le dieu!... Ah! ce palais est plus beau que n'était le vôtre, monsieur Fouquet!...

SCÈNE IV.

LE ROI, UN HOMME MASQUÉ, qui a paru et s'est avancé lentement pendant les derniers mots du Roi.

L'HOMME MASQUÉ.

Vous avez raison, sire.

LE ROI.

Hein!.. qu'est-ce? quel est cet homme?

L'HOMME MASQUÉ.

Oui, ce palais est plus riche et plus beau que celui de Fouquet; mais la conscience de son possesseur avait le droit d'y reposer tranquille; mais là, nulle voix ne s'élevait pour crier : Justice! Là, nul écho ne retentissait pour répéter : Malheur!

LE ROI.

Et qui donc a le droit de me parler ainsi? lequel de mes sujets ma colère a-t-elle iniquement frappé?

L'HOMME MASQUÉ.

Lequel? Un homme que, depuis six années, on torture en votre nom; qui, pendant que vous donnez des fêtes, souffre et expire en prison.

LE ROI, avec hauteur.

D'abord, on ne parle pas au roi le visage couvert; ôtez ce masque, monsieur; ôtez-le, je le veux, je l'ordonne!

L'HOMME MASQUÉ.

Eh bien! regardez-moi donc, Sire! (Il se démasque.)

LE ROI, avec effroi.

Dieu!... est-ce un songe?... une vision?... Fouquet! là... là... devant moi!... Mais Fouquet... Fouquet est mort!...

FOUQUET.

Dieu ne peut-il pas permettre aux morts de sortir de la tombe? Pourquoi le condamné n'apparaîtrait-il pas à son juge, pour lui faire entendre un cri de suprême angoisse, pour lui montrer la trace de ses souffrances?

LE ROI.

Si tu es une ombre... dis-moi ce qu'il faut faire pour réhabiliter ta mémoire... et, sur ma foi de gentilhomme, sur ma parole royale... je le ferai.

FOUQUET.

Ce n'est pas la justice des hommes, c'est la postérité qui me réhabilitera.

LE ROI.

Que voulez-vous donc de moi?

FOUQUET.

J'ai voulu vous montrer, au milieu de cette fête, ces yeux éteints dans les larmes, ce corps brisé par de longues tortures... J'ai voulu vous faire toucher une fois encore cette main que vous touchiez jadis comme celle d'un ami. (Il lui prend la main.)

LE ROI, avec effroi.

Elle est glacée comme celle de la mort... (Relevant la tête.) La mienne ne tremblera pas, en la pressant!... C'est à Louis XIV, c'est au bon roi de France que tu parles... Homme ou spectre, encore une fois, que veux-tu?

FOUQUET.

La fin de mes horribles tourments!... Vous m'aimiez autrefois, sire!... N'ai-je pas expié une offense que j'ignore?... Il y a six ans que je pleure!... Justice, roi!... justice!...

LE ROI.

Mais on m'a annoncé votre mort?

FOUQUET.

On vous a trompé, sire!...

LE ROI.

Oui, puisque vous voilà vivant, auprès de moi... puisque je vous vois, puisque je vous entends... Si ce n'est pas une illusion, vous resterez ici, vous ne me quitterez plus.

FOUQUET.

Rester?... moi? c'est impossible!... Il y a deux existences attachées à mon retour... et je pars.

LE ROI.

Arrêtez!... Si vous n'êtes plus là, qui me dira que mon esprit n'a pas été le jouet d'un rêve? Comment saurai-je ce qu'il faut faire pour vous sauver? Où trouverai-je une preuve pour confondre ceux qui ont trompé ma justice?

FOUQUET.

Au donjon de Vincennes!...

LE ROI.

Au donjon de Vincennes?

FOUQUET.

Dans le cachot le plus obscur, où l'on pénètre par un passage qui s'ouvre dans le salon même de M. de Saint-Mars, et dont le secret se trouve près d'un grand tableau.

LE ROI.

Malheur! à lui qui m'a trompé!... Demain, il sentira le poids de ma colère!

FOUQUET.

A demain, sire!... (Il disparaît.)

SCÈNE V.

LE ROI, TOUTE LA COUR, ATHÉNAÏS.

LE ROI, après un moment, appelant.

A moi! venez, venez tous! (Tout le monde entre.)

DE LYONNE, à part.

Qu'a donc le roi?

SAINT-AIGNAN, bas.

Comme il paraît agité!

LE ROI.

Demain, au point du jour, nous partons pour la chasse.

DE LYONNE.

Dans les bois de Meudon ou de Versailles, sire?

LE ROI.

Non, messieurs, à Vincennes.

TOUS.

A Vincennes!...

ATHÉNAÏS, à part.

Et moi, ce soir même, au donjon!

ACTE V.

NEUVIÈME TABLEAU.

Même décoration qu'au septième tableau.

SCÈNE PREMIÈRE.

BONAVENTURE, seul.

Il a tenu parole... il est revenu... Tout à l'heure, en descendant, je l'ai trouvé dans son cachot... Oh! c'est très-bien, ça, et... on me croira si l'on veut, mais à sa place je n'en aurais pas fait autant. Plus souvent que je serais revenu!... Ah! quand je l'ai revu, ça m'a ôté un fier poids... Quelle nuit j'ai passée, Seigneur Dieu! je n'ai rêvé que pendus... Décidément, toutes ces émotions-là me tournent les sens... elles abrégeraient mes jours... je finirais par mourir très-jeune... Il faut que ça cesse; il faut que M. de Saint-Mars me donne mon congé... Justement le voici. (Il se retire un peu à l'écart.)

SCÈNE II.

BONAVENTURE, au fond; SAINT-MARS, entrant par la droite, suivi d'un Valet.

SAINT-MARS, au Domestique.

Sachez si madame la marquise est visible. (Le Valet s'incline et sort par le fond. Saint-Mars, à lui-même, sans voir Bonaventure.) Son mari! je suis son mari! c'est à peine si je puis croire à ce bonheur... à peine aussi, ai-je vu Louise depuis la célébration de notre mariage... « Si vous m'aimez, m'a-t-elle dit, permettez-moi d'accomplir un vœu... Il est une personne, inconnue de vous, dont les jours sont menacés, dont le sort se décide cette nuit même; permettez-moi de la passer en prières! Demain, quel que soit le sort de cette personne, qu'elle soit sauvée ou perdue, ma vie ne sera plus à moi, c'est à vous qu'elle appartiendra. » (Avec jalousie.) Mais pour qui priait-elle?... un homme, peut-être...

BONAVENTURE, à part.

Un lendemain de noces, il doit être de bonne humeur... risquons-nous!... (S'approchant.) Bonjour, monsieur le marquis...

SAINT-MARS, brusquement.

C'est toi!... que veux-tu?

BONAVENTURE, à part.

Diable! Cupidon ne l'a pas beaucoup radouci!... (Haut.) Voilà. (A part.) Tant pis!... je lâche le paquet... (Haut.) Pour lors, monsieur le marquis, je venais, je voulais... (Très-vite.) Je venais vous demander mon compte.

SAINT-MARS.

Hein!... me quitter?... toi?...

BONAVENTURE.

Oui, vous quitter, toi... non, moi. L'air de ce pays ne convient pas à ma santé... je dessèche... je m'étiole... Enfin j'aurais besoin de retourner en Champagne.

SAINT-MARS.

As-tu donc oublié qu'on ne sort pas ainsi d'une prison d'État?

BONAVENTURE.

Permettez, monsieur le marquis... on n'en sort pas quand on est prisonnier; mais je ne suis pas prisonnier, moi, je ne suis pas prisonnier.

SAINT-MARS.

Ne me suis-je pas confié à toi?... n'as-tu pas tous mes secrets?

BONAVENTURE.

Vos secrets, je suis prêt à les rendre.

SAINT-MARS.

Les rendre!...

BONAVENTURE.

C'est-à-dire, non...

SAINT-MARS.

Tant que j'aurai besoin de ton silence, tu resteras près de moi.

BONAVENTURE.

Saperlotte! mais c'est de la tyrannie, ça!

SAINT-MARS.

Assez!

BONAVENTURE.

Assez!... certainement que j'en ai assez!... j'en ai trop même!... Je me révolte!... je m'insurge à la fin!

SAINT-MARS, sévèrement.

Maître Jérôme!

BONAVENTURE.

Jérôme!... Jérôme!... et si je ne le suis pas, Jérôme!... là!...

SAINT-MARS.

Comment!... tu ne serais pas?... tu aurais osé te jouer de moi? Et qui donc es-tu, misérable?

BONAVENTURE.

Je suis... je ne suis pas Jérôme; mais je suis de sa famille...

SAINT-MARS.

De sa famille?

BONAVENTURE, à part.

Mon Dieu! comment l'attendrir?... S'il avait pitié d'une femme... je lui dirais que je suis sa sœur... (Haut.) Eh bien, je suis son frère!...

UN VALET, entrant.

Mademoiselle de Saint-Mars vient d'arriver au château.

SAINT-MARS.

Qu'elle vienne!... et priez madame la marquise de se rendre ici. (Le Valet sort. A Bonaventure.) Quant à toi...

BONAVENTURE.

Monsieur le marquis?... (A part.) Il paraît calmé!

SAINT-MARS, avec ironie.

Ah! tu veux donc quitter Vincennes?...

BONAVENTURE.

J'ai ce désir.

SAINT-MARS.

Eh bien! attends!... (Allant s'asseoir à la table, et à part.) Il ne sait pas lire; ainsi... (Il se met à écrire.)

BONAVENTURE, à part.

Il écrit l'ordre de mon élargissement, sans doute.

SAINT-MARS, lisant à part ce qu'il écrit.

Mettez au cachot l'homme qui vous remettra ce billet... (Donnant le billet à Bonaventure.) Porte ce billet au sergent de garde.

BONAVENTURE.

Merci, monsieur le marquis! (A part.) Enfin! je vais donc prendre l'air!... (Il sort.)

LE VALET, annonçant.

Mademoiselle de Saint-Mars. (Il introduit Athénaïs et sort.)

SCÈNE III.

SAINT-MARS, ATHÉNAÏS.

SAINT-MARS.

Approchez, Athénaïs, et soyez la bienvenue!

ATHÉNAÏS.

Mon frère!... Enfin il m'est permis de vous revoir! Vous me rouvrez vos bras... C'est que vous avez un bonheur à m'apprendre.

SAINT-MARS.

Un bonheur!...

ATHÉNAÏS.

Ou du moins une espérance à me donner...

SAINT-MARS.

J'avais à vous consulter, ma sœur, sur une chose grave... une chose, de laquelle dépend le repos de ma conscience.

ATHÉNAÏS.

Vous, mon frère?... Qu'est-ce donc?...

SAINT-MARS.

Bientôt je vous le dirai; vous prononcerez vous-même... Mais d'abord laissez-moi vous faire part d'un événement qui intéresse notre famille.

ATHÉNAÏS.

Un événement?...

SAINT-MARS.

Mon mariage.

ATHÉNAÏS.

Votre mariage?

SAINT-MARS.

Depuis hier, je suis l'époux d'une femme digne de tous les respects, de tous les hommages!... et que j'adore depuis longtemps.

ATHÉNAÏS.

Celle dont vous me parliez jadis? celle que vous aimiez?...

SAINT-MARS.

Depuis mes visites au couvent, oui, ma sœur... et vous allez la voir...

ATHÉNAÏS.

Recevez-en mes félicitations; vous devez être bien heureux.

SAINT-MARS.

Heureux!... oui... oui... je le serais en effet, sans une pensée, sans un souvenir qui vient à chaque instant empoisonner ma vie!...

ATHÉNAÏS.

C'est de lui que vous voulez parler, n'est-ce pas?...

SAINT-MARS.

Oui.

ATHÉNAÏS.

De lui, qui aime mieux subir le supplice d'une longue captivité, que de nous rendre l'honneur... de lui, qui aime mieux mourir que de devenir mon époux...

SAINT-MARS.

A la colère qui anime vos regards, au tremblement de votre voix, je le devine aisément, ma sœur, vous êtes inflexible aujourd'hui, comme je l'ai été pendant six années!

ATHÉNAÏS, avec émotion.

Avez-vous cessé de l'être?... Lui-même consent-il à réparer ce passé?... Oh! s'il en est ainsi, je suis prête à pardonner... Mes souffrances, mes larmes, ma honte, qu'il dise un mot, un seul, et j'oublierai tout!

SAINT-MARS.

Eh bien!... attendez!... (Il fait jouer le ressort de la porte secrète.)

ATHÉNAÏS.

Que faites-vous?...

SAINT-MARS, appelant.

Venez, venez, monsieur Fouquet!...

ATHÉNAÏS.

Lui!... C'est lui que vous appelez?

SAINT-MARS.

Faites qu'il la prononce, cette parole de paix et d'oubli... Attendrissez son cœur, ou que le vôtre s'émeuve à l'aspect de ce qu'il a souffert, et si vous pardonnez... je pardonne!...

ATHÉNAÏS, dans le plus grand trouble.

Le voir!... lui parler!...

SCÈNE IV.

LES MÊMES, FOUQUET, paraissant au fond.

FOUQUET.

Que me voulez-vous, monsieur?...

SAINT-MARS.

Ce n'est plus moi, monsieur, qui veux vous proposer un marché, comme je l'ai fait hier... (Montrant Athénaïs.) C'est elle.

FOUQUET, s'approchant d'Athénaïs et la regardant.

Mademoiselle de Saint-Mars!...

ATHÉNAÏS, à part, émue.

Quel changement! (Haut.) Monsieur Fouquet... ce ne sont plus les menaces d'un ennemi, les froids calculs d'un homme que vous entendrez, c'est une femme qui vous dit : Acceptez la liberté, acceptez la vie... et rendez-moi l'honneur!

FOUQUET.

J'ai été coupable envers vous, mademoiselle, et ma longue captivité m'a cruellement fait expier ma faute; mais si j'acceptais l'offre que vous me faites, si je rachetais ma vie au prix d'un parjure, je serais plus coupable mille fois, et je me ferais honte à moi-même.

ATHÉNAÏS.

Oui, coupable envers elle, n'est-ce pas?... envers cette rivale... dont je me vengerai; car je la connais.

FOUQUET.

Vous la connaissez?

SAINT-MARS.

Vous, ma sœur?...

ATHÉNAÏS.

Je la connais. Cent fois chez la reine nos yeux se sont rencontrés, brûlants de jalousie et de haine... et, si elle a disparu de la cour, méfiez-vous d'elle, mon frère, ce doit être pour tenter de le sauver!

SAINT-MARS.

Elle sait donc qu'il existe?

ATHÉNAÏS.

Elle le sait... elle était près de moi, priant à mes côtés, sur une tombe vide, quand j'ai appris qu'il vivait...

SAINT-MARS.

Et cette femme... son nom?...

UN DOMESTIQUE, annonçant.

Madame la marquise de Saint-Mars.

SCÈNE V.

LES MÊMES, LOUISE.

SAINT-MARS.

Venez, madame... Athénaïs, je vous présente ma femme...

ATHÉNAÏS, la regardant en face.

Elle!...

FOUQUET.

Sa... sa femme!...

LOUISE, regardant Athénaïs et Fouquet.

Qu'ai-je vu!...

(Un long silence pendant lequel Saint-Mars, rempli d'étonnement et de trouble, regarde alternativement Athénaïs et Fouquet.)

SAINT-MARS.

Qu'avez-vous donc?... que se passe-t-il ici?... mais... (Avec force.) Mais, répondez-moi donc!...

FOUQUET.

C'est un mensonge... c'est une horrible calomnie, n'est-ce pas?... vous n'êtes pas la femme de cet homme?...

SAINT-MARS, d'une voix tremblante de colère.

Et... pourquoi... ne serait-elle pas... ma femme?... D'où vient que vous osez l'interroger?... D'où vient que votre visage est si pâle, ma sœur?... (A Louise.) — D'où vient que vous tremblez, madame?...

ATHÉNAÏS.

Mais ne comprenez-vous pas que celle qu'il me préfère, c'est elle!

SAINT-MARS.

Elle!...

ATHÉNAÏS.

Que celle, pour qui il refuse de nous rendre l'honneur, c'est elle!

SAINT-MARS.

Elle!...

ATHÉNAÏS.

Ne comprenez-vous pas que votre femme... c'est la maîtresse de Fouquet!

SAINT-MARS, foudroyé.

Sa... sa maîtresse!... non, c'est impossible!... parlez madame, justifiez-vous!... (Saisissant le bras de Louise.) Répondez!... mais répondez donc...

LOUISE.

Monsieur!...

FOUQUET, avec colère.

Malheureux!

SAINT-MARS.

Qui donc commande? qui donc est le maître ici?... (Avec amertume.) Je suis votre mari, madame... et j'ai le droit de vous interroger.... Est-il vrai que vous ayez.... aimé monsieur Fouquet?...

LOUISE.

Eh! bien, oui, je l'aimais... je l'aime!

FOUQUET.

Et vous vous êtes donnée à lui!...

SAINT-MARS, avec colère.

Et vous êtes devenue ma femme! vous!... vous!... (Il tombe accablé.)

LOUISE.

Oui, j'ai eu la force de commander à mon visage... d'imposer silence aux révoltes de mon cœur... oui... j'ai eu le courage de placer ma main dans la vôtre; car je connaissais votre secret, marquis de Saint-Mars... car, je voulais le sauver et mourir ensuite.

SAINT-MARS.

Le sauver!

FOUQUET.

Oh! pourquoi ne m'avoir pas abandonné? — Que m'importe la vie maintenant?

SAINT-MARS.

Le sauver! C'était pour le sauver!! Mais toute honte, tout malheur me viendra donc de cet homme! — Je me débattrai donc sans cesse dans ce cercle d'opprobre et d'infamie?... et moi, moi, qui étais assez fou pour croire à sa tendresse!... assez faible pour ressentir de la générosité!... Allons, réveille-toi, mon cœur, et puisque le bonheur n'est pas fait pour toi, arrière les sentiments tendres et lâches! plus d'amour; mais aussi plus de pardon! plus d'espérance; mais aussi plus de pitié!... Ah! ma haine est à l'aise maintenant! — Je vous tiens tous les deux, je puis vous rendre le mal que vous m'avez fait... et broyer votre cœur comme vous avez broyé le mien!...

(On entend battre aux champs.)

ATHÉNAÏS.

Qu'est-ce que cela? (cri dehors: VIVE LE ROI!) Le roi!

SAINT-MARS.

Le roi, le roi ici!...

LOUISE.

Ah! béni soit Dieu qui l'envoie à notre aide!... il vous arrachera votre victime!

SAINT-MARS.

Pour le roi, comme pour tous, monsieur Fouquet a cessé de vivre...

LOUISE.

Mais je lui dirai...

SAINT-MARS.

Vous?

FOUQUET.

N'intercédez plus pour moi, madame... ma grâce me serait maintenant odieuse... je la refuserais...

SAINT-MARS.

Oh! soyez sans crainte... Elle ne parlera pas... et vous m'appartiendrez tant qu'il me restera un souffle de vie... (Agitant une sonnette, puis allant au fond.) A moi, Jacques et Raymond!

ATHÉNAÏS.

Qu'allez-vous faire...

SAINT-MARS.

Attendez... (Deux gardiens entrent suivis de soldats.) Emmenez le prisonnier, enfermez-le, non plus dans sa prison habituelle, mais dans ce cachot connu de nous seuls, dans ce cachot dont vous m'avez révélé le secret... et sur votre tête souvenez-vous de mes paroles : que l'un de vous, que Raymond se tienne dans la cour du château, et s'il voit ouvrir cette fenêtre, si... (Regardant autour de lui et saisissant le mouchoir que tient Louise.) si ce mouchoir, au chiffre et aux armes de madame, est jeté par cette croisée, frappez à l'instant même, que le prisonnier meure! c'est ma volonté, c'est mon ordre.

LOUISE.

Le tuer!... le tuer!...

SAINT-MARS.

Obéissez!...

LOUISE.

Non! non!...

FOUQUET.

Assez, madame! assez! vous avez été plus cruelle que cet homme, et votre dévouement est plus affreux pour moi que sa haine!...

LOUISE.

Écoutez-moi!...

FOUQUET.

Avant de m'arracher ma dernière espérance, il fallait m'arracher la vie...

(Il sort suivi des Gardiens et des Soldats.)

SAINT-MARS, à Louise.

Maintenant, rappelez le calme sur votre visage et souvenez-vous qu'un mot, un regard, un signe, c'est sa mort... Ma sœur, votre vengeance est la mienne, comme votre honneur outragé est le mien... veillez sur madame.

ATHÉNAÏS.

Je veillerai, mon frère!

UN PAGE, entrant et annonçant.

Le roi.

SCÈNE VI.

LES MÊMES, LE ROI, TOUTE SA SUITE.

LE ROI.

Bonjour, monsieur le gouverneur.

SAINT-MARS, s'inclinant.

Sire...

LE ROI, apercevant Louise et Athénaïs.

Mais, que vois-je! Vous ici, mesdames?...

SAINT-MARS, présentant Louise.

Madame de Saint-Mars, sire...

LE ROI.

Mademoiselle de Moresant, votre femme?...

SAINT-MARS.

Pardonnez-moi d'avoir contracté cette union sans demander d'abord l'agrément de Votre Majesté; mais ce mariage s'est conclu d'une manière si inattendue...

LE ROI, l'interrompant.

C'est bien, monsieur; arrivons au but de ma visite.

SAINT-MARS.

J'attends que vous daigniez me l'expliquer, sire...

LE ROI.

Tout à l'heure, en me mettant en chasse, mes yeux se sont arrêtés sur votre donjon; je me suis souvenu de la tour... du château de Pignerol...

SAINT-MARS, troublé.

Du... château... de Pignerol!...

LE ROI.

Et j'ai voulu que vous me disiez vous-même, et de vive voix, comment y a péri monsieur Fouquet...

SAINT-MARS.

Votre Majesté ne se souvient-elle plus que le prisonnier s'est tué en cherchant à s'évader?

LE ROI.

Et la preuve?... la preuve qu'il est mort?...

SAINT-MARS, étonné.

La preuve qu'il est mort?

LE ROI, l'observant.

Qu'il est mort... ainsi que vous le dites, monsieur?

SAINT-MARS.

Sire, l'acte authentique existe... signé de toutes les autorités de Pignerol... signé du prêtre lui-même...

LOUISE, à part.

Seigneur!... Seigneur!... protégez-nous!...

LE ROI, à lui-même.

Non, non, les morts ne sortent pas de la terre!... (Haut.) Combien avez-vous de prisonniers, ici, monsieur de Saint-Mars?...

SAINT-MARS.

Huit, Majesté.

LE ROI.

Huit?... Vous les connaissez, mesdames?

ATHÉNAÏS.

Non, sire...

LOUISE.

Je n'en connais... qu'un seul...

SAINT-MARS, vivement.

Un pauvre diable... Jérôme... un serviteur infidèle, prisonnier depuis une heure seulement.

LE ROI.

Parmi les cachots les plus secrets, n'en est-il pas un dont l'issue est dans votre appartement même?

SAINT-MARS, étonné.

Oui... sire!...

LE ROI, à lui-même.

C'est vrai! (Haut.) N'y a-t-il pas près d'un grand tableau... celui-ci, peut-être... un secret qui ouvre la porte de cette prison?...

SAINT-MARS, troublé.

Oui, sire... Mais, pardonnez-moi, comment Votre Majesté sait-elle?...

LE ROI.

Je le sais. — Ouvrez cette porte!...

SAINT-MARS, à part.

La prison où il était tout à l'heure encore... Qui donc m'avait trahi?...

LE ROI.

Eh bien?...

SAINT-MARS.

J'obéis, sire.

(Il fait jouer le ressort, la porte s'ouvre.)

LE ROI.

Entrez là, messieurs.

(Trois Gentilshommes entrent dans le corridor.)

LOUISE.

Sire, dans ce cachot, il n'y a plus personne... C'est...

SAINT-MARS, vivement, Bas.

Prenez garde!... (Haut.) En effet, ce cachot est vide, sire...

LE ROI.

Marquis de Saint-Mars, savez-vous que soustraire un prisonnier à ma justice ou à ma clémence, c'est un crime... un crime capital?

SAINT-MARS.

Je le sais, sire.

LE ROI.

Qu'il y va pour le coupable du bannissement, de la mort même?

SAINT-MARS.

Je le sais.

LE ROI.

Et vous persistez dans votre déclaration?

SAINT-MARS.

Je persiste.

LE ROI.

Vous affirmez, vous jurez que monsieur Fouquet est bien mort à Pignerol?...

SAINT-MARS, après un temps.

Je le jure!

LOUISE, à part.

Oh!...

LE ROI, à part.

Ai-je donc été la proie d'un rêve?... (Les deux Gentilshommes reparaissent.) Eh bien! messieurs?

PREMIER GENTILHOMME.

Personne, sire!

LE ROI.

Personne!... Messieurs, ce n'est plus la liberté de monsieur Fouquet, ce sont des prières pour son âme qu'il nous reste à ordonner.

LOUISE, avec force.

Des prières!... Non, non...

SAINT-MARS, à des Valets.

Ouvrez cette fenêtre.

LE ROI.

Qu'y a-t-il?

SAINT-MARS.

Madame la marquise est souffrante; l'air manque à sa poitrine. (Aux Valets.) Ouvrez cette fenêtre.

LOUISE, avec effroi.

Ah!...

(Un Valet ouvre la fenêtre.)

LE ROI.

Que disiez-vous donc, madame?

LOUISE, Regardant alternativement Saint-Mars et la fenêtre.)

Moi?... je... rien... rien... sire!...

LE ROI.

Rien?... Partons donc, messieurs.

LOUISE, bas.

Mais, s'il part, tout espoir est perdu... (Au Roi, qui se dirige vers le fond.) Sire! Arrêtez!... monsieur Fouquet...

LE ROI.

Achevez, madame....

LOUISE.

Eh bien...

SAINT-MARS, bas, à Athénaïs.

Ma sœur!...

LOUISE, à part.

Mon Dieu!...

LE ROI.

Vous dites que Fouquet?...

LOUISE, voyant Anathoïs penchée à la fenêtre.

Ah!... il est mort!... il est mort!...

(Elle tombe évanouie.)

LE ROI.

Du secours!... du secours!... messieurs!... (On relève Louise, que l'on place sur un fauteuil. — A part.) Oh! ce trouble... cet évanouissement... Tout cela est étrange!...(Haut.) Monsieur de Saint-Mars, j'ai à vous parler...

SAINT-MARS.

A moi, sire?

LE ROI.

Dans une heure, vous me rejoindrez au rendez-vous de chasse. (Avec intention.) Monsieur de Gêvres, vous accompagnerez monsieur le gouverneur. (Bas.) Vous m'en répondez.

DE GÊVRES.

Il suffit, sire.

SAINT-MARS, à part.

Que signifie?...

LE ROI.

Suivez-moi, messieurs.

(Le Roi sort suivi des Gentilshommes. — Athénaïs est revenue auprès de Louise dont elle soutient la tête. — Saint-Mars est au fond, regardant le Roi qui s'éloigne.)

LOUISE, regardant autour d'elle.

Parti!... parti!... Ah! tout est fini pour nous!...

ATHÉNAÏS.

Prenez garde, madame, votre mari a droit de s'irriter de cette douleur!...

LOUISE.

Eh! que m'importe sa colère, puisque je n'ai pu le sauver! je n'ai plus qu'à mourir maintenant!...

ATHÉNAÏS.

Mourir!... Vous voulez?...

SAINT-MARS, au fond.

Qu'avez-vous?... Qu'y a-t-il?...

ATHÉNAÏS.

Rien!... rien!... (Bas.) Séchez vos larmes, madame...

LOUISE.

Non!... qu'il me tue aussi!...

ATHÉNAÏS, bas.

Mais, séchez donc vos pleurs... malheureuse!...

(En disant ces mots elle lui présente le mouchoir qu'elle n'a pas jeté.)

LOUISE, le reconnaissant.

Ah!... soyez bénie!... soyez bénie, madame!...

DIXIÈME TABLEAU.

Un carrefour du bois de Vincennes. — Au loin, sur la hauteur, le donjon.

SCÈNE PREMIÈRE.

DEUX BUCHERONS.

(On entend au loin le bruit de la chasse; les cors, les fanfares, etc.)

PREMIER BUCHERON.

Tu es sûr que c'est le roi qui chasse dans la forêt?

DEUXIÈME BUCHERON.

Eh oui! le roi lui-même, en personne. Je viens de le voir, il y a un quart d'heure, qui montait à cheval au milieu de sa cour. J'étions parmi les rabatteurs. Toute la nuit, on a fait le bois, et, ce matin, on a détourné un cerf.

PREMIER BUCHERON.

Un dix-cors?

DEUXIÈME BUCHERON.

Non; — mais une belle bête tout de même.

PREMIER BUCHERON.

Belle ou non, je n'voudrions pas être dans sa peau, à c't animal!

(Bruit des chevaux à gauche.)

DEUXIÈME BUCHERON, regardant.

Ah! v'là des piqueurs qui rejoignent la chasse.

(Les Piqueurs passent, gravissent au galop le monticule et disparaissent.)

PREMIER BUCHERON.

Eh! allez donc!... les fanfares!... les aboiements!...

DEUXIÈME BUCHERON, montant sur l'éminence.

Ah! bon Dieu!

PREMIER BUCHERON.

Quoi donc?

DEUXIÈME BUCHERON.

Le v'là qui vient par ici. (Descendant vivement.) Gare à nous! Je ne me soucierais point d'avoir son bois dans les côtes!

(Ils se tiennent à l'écart. — Passe le cerf; puis, les Piqueurs.)

PREMIER BUCHERON, sortant du fourré.

Entends-tu, François? v'là qu'on sonne l'hallali!

DEUXIÈME BUCHERON.

On ne tardera pas à faire la curée. — Faut aller voir ça!...

(Ils sortent par la hauteur, tandis que Saint-Mars et de Gêvres arrivent par le bas, à gauche.)

SCÈNE II.

SAINT-MARS, DE GÊVRES.

DE GÊVRES.

Au rendez-vous de chasse, c'est ici, monsieur. — Attendons.

SAINT-MARS, à lui-même.

Surveillé!.. gardé à vue!... Dans une heure, a dit le roi!.... que me veut-il? Pourquoi cette visite au château de Vincennes? D'où lui venaient ces doutes sur la mort de Fouquet? Ah!.. de Louise peut-être!.. de Louise, qui avait trahi mon secret, qui allait le trahir encore, et qui m'a forcé de donner le signal...... Oh! cette femme, cette femme!... comme elle m'a trompé!....

(On entend le bruit de la chasse qui se rapproche. — Saint-Mars et de Gêvres s'éloignent un peu. — Le Roi, accompagné de toute sa cour, entre en scène. — Le Roi et sa suite sont à cheval. — Deux écuyers s'approchent du Roi, tiennent son cheval et son étrier pour l'aider à descendre. — Le Grand-Veneur présente au Roi, sur un plat d'argent, la patte du cerf. — Messieurs de Saint-Mars et de Gêvres se sont rapprochés.

SCÈNE III.

Les Mêmes, LE ROI, Suite.

LE ROI, apercevant Saint-Mars.

Ah! monsieur de Saint-Mars! c'est bien! (A sa suite.) Éloignez-vous, messieurs!

(Toute la suite s'éloigne.)

SAINT-MARS.

Sire, Votre Majesté m'a ordonné de me rendre en ce lieu...

LE ROI.

Mais, vous n'êtes pas venu seul, monsieur?

SAINT-MARS.

Nul autre que monsieur le capitaine de vos gardes ne m'a accompagné, sire.

LE ROI.

N'est-ce donc pas vous qui avez conduit ici madame la marquise et mademoiselle de Saint-Mars, que j'ai vues, à deux pas, et qui ont sollicité de moi, un instant d'audience?

SAINT-MARS.

La marquise!... et ma sœur!... quel peut être le but de cette démarche?

LE ROI.

Nous allons le savoir, monsieur; — j'ai donné l'ordre de les amener; écoutons-les, d'abord, je vous dirai ensuite pourquoi j'ai voulu vous revoir, vous parler.

SCÈNE IV.

Les Mêmes, LOUISE, ATHÉNAÏS, amenées par un Officier.

LE ROI.

Approchez, approchez, mesdames... et dites-moi, ce que vous avez à me demander.

ATHÉNAÏS.

Parlez, madame!

SAINT-MARS, à part.

Que va-t-elle dire?

LOUISE.

Sire, la présence du roi, c'est la justice, c'est aussi le pardon.

LE ROI.

Oui, madame, et le plus beau de tous mes droits c'est le droit de grâce.

LOUISE.

Eh bien ! sire, Votre Majesté est entrée aujourd'hui dans un lieu de douleurs et de larmes, et nous venons vous demander la grâce de ceux qui souffrent.

LE ROI.

De tous?

ATHÉNAIS, vivement.

De tous, sire; car tous savent que Votre Majesté est venue au château de Vincennes, et tous attendent et espèrent.

LE ROI.

Eh bien, je verrai.... je... monsieur de Saint-Mars, quels sont vos prisonniers?

LOUISE, avec amertume.

Oh! monsieur le marquis vous dira, sire, qu'il n'y a plus à Vincennes de prisonniers d'État, qu'il n'y a plus, dans ses cachots, un homme dont il ait à demander plus longtemps la captivité.

LE ROI.

Est-il vrai, monsieur?

SAINT-MARS.

Cela est vrai, sire.... (Avec intention.) Maintenant Votre Majesté peut pardonner.

LE ROI., écrivant sur des tablettes.

Qu'il soit donc fait ainsi que vous le désirez, mesdames ! Tenez.... (Appelant.) Monsieur de Gèvres?... (Aux deux Femmes.) Allez sécher des pleurs, mesdames.

LOUISE.

Sire, on bénira votre nom.

ATHÉNAIS, serrant sans être vue la main de Louise.

Nous le bénissons déjà, sire !

(Le Capitaine des gardes paraît au fond.)

LE ROI, à de Gèvres.

Monsieur, accompagnez ces dames, et veillez à l'exécution de l'ordre qu'elles portent.

(Louise et Athénaïse s'inclinent et s'éloignent radieuses.)

SAINT-MARS, à part.

Cette joie!... que signifie?..

SCÈNE V.

LE ROI, SAINT-MARS.

LE ROI.

Nous voilà seuls, et je vais vous dire, monsieur de Saint-Mars, ce que je rougirais peut-être de répéter devant tout autre.

SAINT-MARS.

Je ne vous comprends pas, sire.

LE ROI.

Attendez... Il est un homme dont nous avions à nous plaindre l'un est l'autre; vous vous êtes fait son gardien, et cet homme est mort, n'est-il pas vrai?

SAINT-MARS.

Oui, sire, il est mort.

LE ROI.

Eh bien, cet homme... si je vous disais que je l'ai vu cette nuit...

SAINT-MARS.

Vous, vous, sire?

LE ROI.

A Versailles, au milieu d'une fête.

SAINT-MARS.

C'est impossible!

LE ROI.

Impossible!... oui, et cependant sa voix a bien frappé mon oreille, et cependant sa main a bien pressé la mienne.

SAINT-MARS.

Non, c'était une illusion, sire!

LE ROI.

Je me le suis dit d'abord... et j'ai caché à tout le monde cette mystérieuse apparition... Oui, je me suis cru le jouet de mon imagination; mais que diriez-vous, monsieur, si je vous apprenais que moi, qui, avant ce jour, n'étais jamais venu au château de Vincennes; que moi, qui n'ai jamais su, jamais, entendez-vous?... où se trouvait aucun des cachots de cette forteresse, c'est de lui, de Fouquet lui-même, ou de cette ombre, si vous voulez, que j'ai appris dans quel cachot vous l'aviez renfermé; où se trouvait l'issue de ce cachot, et jusqu'au secret qui en ouvrait la porte?

SAINT-MARS.

C'est étrange!

LE ROI.

Tout cela n'est point un rêve, monsieur, car tout cela était exact. Je l'ai vu de mes yeux, comme je l'avais entendu, la veille.

SAINT-MARS.

Votre Majesté a bien reconnu les traits de monsieur Fouquet?

LE ROI.

Oui, c'était lui, non plus brillant et jeune, comme je l'avais connu jadis, mais pâle, décharné, livide, le corps brisé par de longues souffrances, et portant sur son visage de profonds sillons de larmes.

SAINT-MARS.

Non, non, Votre Majesté s'est trompée...

LE ROI.

Je l'ai vu... je l'ai vu... (Au moment où il prononce ces mots, Fouquet paraît au fond au milieu des arbres.) Tenez, comme je le vois... comme je le vois encore!...

SAINT-MARS, atterré.

Lui!...

LE ROI.

Oh! vous voyez bien, monsieur, que ce n'était pas une vision!

SAINT-MARS.

Malédiction!... Qui donc m'a trahi?... Qui donc a osé le sauver?...

FOUQUET.

Le roi, qui a signé ma grâce...

SAINT-MARS.

Sa grâce!...

SCÈNE VI.

LES MÊMES, ATHÉNAIS, LOUISE, toute la Cour, LES PRISONNIERS.

LOUISE.

Oui, sa grâce, avec celle de tous vos prisonniers.

(Les prisonniers s'inclinent devant le Roi.)

ATHÉNAÏS.

Et c'est moi qui vous ai trahi, mon frère, en ne donnant pas le signal de sa mort.

SAINT-MARS.

Vous!...

LE ROI.

Ainsi, vous me trompiez!... Vous avez menti au roi... vous avez dérobé un prisonnier à ma clémence... N'en espérez pas pour vous-même... le châtiment égalera votre crime.

SAINT-MARS, à lui-même.

La mort!... une mort ignominieuse... infâme... Oh! jamais!... jamais!...

LE ROI.

Monsieur de Saint-Mars, rendez votre épée.

SAINT-MARS, tirant son épée.

Sire, je mourrai gentilhomme!... je ne vous rendrai mon épée qu'en rendant mon âme à Dieu! (Il se jette sur son épée, puis l'arrachant de sa poitrine et la jetant aux pieds du roi :) Sire, mon épée, la voilà !

(Il tombe mort.)

ATHÉNAÏS.

Mon frère!... (Elle s'élance auprès de Saint-Mars que l'on entoure.) Mort!... oh! ma vie sera consacrée à prier pour lui !

LE ROI.

Monsieur Fouquet... nous vous ferons oublier tout ce que vous avez souffert...

FOUQUET.

Gardez vos bienfaits, sire, l'oubli de mes souffrances ne peut plus me venir que de Dieu... (montrant Louise) et d'elle.

ATHÉNAÏS, agenouillée près de Saint-Mars, et à Louise qui s'est aussi mise à genoux.

Madame, quel nom portiez-vous au couvent ?

LOUISE.

Sœur Louise de la Miséricorde.

ATHÉNAÏS.

C'est le nom que j'y porterai désormais!

FIN.

Paris.—Typographie de Morris et Comp., rue Amelot, 64.

www.ingramcontent.com/pod-product-compliance
Lightning Source LLC
LaVergne TN
LVHW020631110826
845149LV00004B/1137

* 9 7 8 2 3 2 9 0 7 8 8 5 4 *